UNE MISSION

AU

SAHARA OCCIDENTAL

DU SÉNÉGAL AU TIRIS

TRARZA-ELIB — OULAD-BOU-SEBA — OULAD-DELIM

YAHIA-BEN-OSMAN

PAR

Gaston DONNET

Chargé de Mission du Ministère des Colonies

PARIS

Augustin CHALLAMEL, Éditeur

17, RUE JACOB

Librairie Maritime et Coloniale

1896

UNE MISSION
AU
SAHARA OCCIDENTAL

DU MÊME AUTEUR

Sahara et Soudan. 1 brochure in-16, 1893. — Epuisé.

En Sahara. *Revue Bleue*, 2ᵉ semestre 1895 ; 1ᵉʳ et 2ᵉ semestre 1896.

Sahara (Journal de voyage en). Extrait de la *Revue Bleue*, avec additions, notes et études complémentaires. 1 vol. grand in-18. — *Pour paraître prochainement.*

De l'Action — Philosophie sociale. — 1 vol. — *Pour paraître prochainement.*

UNE MISSION

AU

SAHARA OCCIDENTAL

DU SÉNÉGAL AU TIRIS

TRARZA-ELIB — OULAD-BOU-SEBA — OULAD-DELIM

YAHIA-BEN-OSMAN

PAR

Gaston DONNET

Chargé de Mission du Ministère des Colonies

PARIS

Augustin CHALLAMEL, Éditeur

17, rue jacob, 17

Librairie Maritime et Coloniale

1896

A MON COMPAGNON DE VOYAGE

Henri BONNIVAL

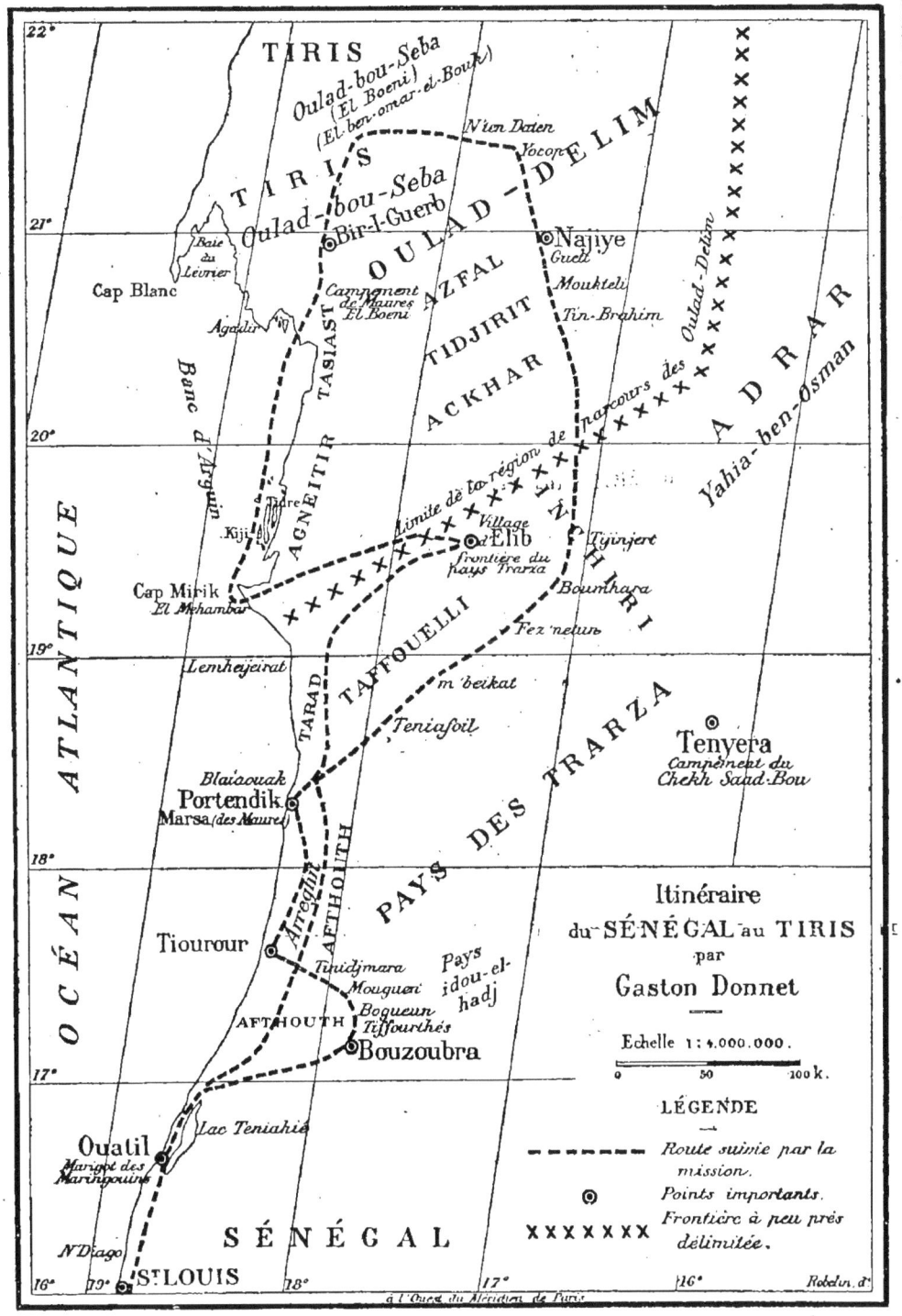

PRÉFACE

. . . .
. . . .

Je crois qu'en matière d'action, il faut avoir la haine de la phrase pour la phrase, de l'érudition étalée à tous propos et souvent hors de propos, de la philosophie se déclarant impuissante à comprendre la vie — alors qu'il s'agit pour nous, non pas de la comprendre, mais de la subir, et de la subir dans les meilleures conditions possibles.

Il faut être bien persuadé que 30 millions d'habitants, sur les 40 millions dont se compose la population de la France, se moquent — et de l'érudition, et des « points de vue sur la vie » que peuvent avoir de vieux messieurs désabusés.

La masse qui travaille — et surtout celle qui ne travaille point, mais qui voudrait travailler — n'en demande pas si long. Ce qu'elle demande : c'est un encouragement, un appel pressant à son énergie, dans la démonstration bien nette de l'utilité immédiate de l'effort colonial.

Ne lui dites pas en une forme lapidaire :

La France seule comprend l'expansion. Par ses qualités généreuses elle a su se faire aimer des indigènes. Il faut agir et « chercher à dégager les éléments en fermentation que la chimie politique et sociale ne sait pas combiner et ne peut plus réduire. » (E. M. de Voguë.)

Dans quel rayon l'influence britannique se fait-elle sentir ?

Peut-elle sérieusement nous menacer du côté du Touat, ainsi que cela a déjà été dit tant et tant de fois — ou, au contraire, s'en tenant aux voies de caravanes allant de leurs factoreries à Timbouctou, n'aura-t-elle d'action directe que sur cette bande de territoire qui commence à la côte pour finir aux oasis de Tekna (1) ?

Là était le problème. Et ce problème, je crois avoir fait tout ce qu'il était possible de faire pour le résoudre...

Et pourtant je ne l'ai résolu qu'à moitié.

Pourquoi? Parce que beaucoup d'obstacles se sont dressés devant moi : mauvais vouloir, voire hostilité complète de la part des indigènes — hostilité rendue plus pressante, encore, par suite de la mort du sultan du Maroc et du différend qui éclata soudain entre Ahmed-Saloûm, émir du Trarza, et Yamar N'Bodje, chef supérieur du Oualo — mise au pillage de ma caravane, insuffisance de moyens pécuniaires, maladie grave de mon compagnon de voyage M. Henri Bonnival, etc., etc.

J'ai raconté ailleurs, tout au long, les différentes péripéties de ce voyage. Et mon carnet de route, transcrit jour par jour, a suffi pour donner l'impression exacte des difficultés sans nombre que j'avais eues à surmonter (2).

Je ne reviendrai point là-dessus... surtout en cette étude où le fait anecdotique, pittoresque, sentimental, devra être systématiquement laissé de côté....

... Tout au plus me permettrai-je de dire encore, pour achever ma complète justification, que : si j'ai battu en

(1) Tout dernièrement une dépêche de source anglaise annonçait que le Ministre des affaires étrangères du Sultan avait reçu 145000 dollars sur les 50000 livres sterling à payer pour l'achat du cap Juby.

(2) *En Sahara.* (*Revue Bleue* — 2ᵉ semestre 1895 et 1ᵉʳ semestre 1896.) *En Sahara occidental* (Journal le *Siècle*, septembre 1894, et *Bulletin de la Société de Géographie commerciale de Paris*, 1894. Tome XVI. *Bulletins et mémoires de la Société africaine de France.* Juin 1895. *Société de Géographie de Paris.* (Comptes rendus des séances 1894.)

'retraite, ma retraite, heureusement, se trouva justifiée — désirée, même, par l'administration.

A quelques heures d'Ouatil, c'est-à-dire aux portes de Saint-Louis, je rencontrai dans un village de Marabouts un indigène, porteur d'une lettre du directeur des affaires politiques du Sénégal.

Cette lettre était ainsi conçue :

« Je tiens à vous aviser des derniers incidents qui se sont produits ici entre le chef supérieur du Oualo et Ahmed-Saloum, parce que ces incidents peuvent avoir un contre-coup sur votre mission.

« Depuis un an, déjà, Ahmed-Saloum et Yamar N'Bodje étaient en difficultés au sujet d'un arrangement conclu entre eux en 1892 et concernant des terrains situés sur la rive droite. Malgré notre médiation, les relations entre ces deux chefs se sont tellement tendues, ces derniers temps, et l'attitude d'Ahmed-Saloum, vis-à-vis de nous-mêmes, a été telle, que le gouverneur a été obligé d'autoriser Yamar à maintenir ses droits, au besoin par la force, qu'il a dû faire renforcer le poste de gendarmerie de Dagana, et qu'il s'y rend lui-même.

« Il est à craindre qu'il y ait prochainement quelques coups de fusil tirés entre noirs et Maures...

« ... Aussi ai-je tenu à vous aviser d'urgence pour que vous puissiez prendre telles décisions et précautions que... » etc., etc.

Signé : MERLIN.

L'indigène, porteur de cette lettre, avait reçu l'ordre d'aller à notre rencontre, au moins jusqu'à Portendik. Mais paresseux, comme seul sait l'être un Maure de distinction, notre homme ayant constaté qu'il lui aurait été très pénible de faire trois cents kilomètres à dos de dromadaire sous un soleil que, quoique enfant du désert, on a le droit de trouver fort chaud, avait pris le parti, infiniment sage à la vérité, de s'arrêter dans un douar de tiyabs — pour y filer d'heureux jours en attendant patiemment le retour de la mission.

Ce retour se fit attendre encore près d'un mois et demi. Durant ce laps de temps, nous aurions pu nous faire agréablement tuer.

Mais qu'est-ce que cela pouvait bien faire à ce courrier flegmatique ?

Et donc, c'est l'état d'effervescence en lequel se trouvait le Sahara, par suite de la mort du Sultan du Maroc ; c'est l'impossibilité complète de former une escorte de naturels pour atteindre le Rio-de-Ouro ; c'est l'insuffisance de tous moyens d'action (pacotille, objets d'échange aussi bien que vivres et armement)... c'est tout cela (et autres choses encore, déjà énumérées plus haut) qui m'a forcé de revenir au Sénégal, mon point de départ, après avoir seulement atteint le Tiris (soit 1500 kilomètres, aller et retour). Mais tel qu'il est cependant, en ses limites forcément restreintes, ce voyage fait avec une misérable escorte de cinq hommes, n'aura pas été — du moins je le crois — inutile.

Quand il ne servirait qu'à mieux montrer qu'en cette partie occidentale de l'Afrique, notre activité trouverait fructueusement à s'exercer ;

Quand il ne servirait qu'à mieux montrer que les routes de caravanes pour le Maroc, à travers le Trarza, l'Inchiri, le Tagant, l'Adrar, le Tiris, l'Iguidi, le Rgueibat, sont de plus en plus populeuses ;

Que les richesses naturelles de toutes les grandes oasis pourraient être amenées sur la côte française, sans beaucoup d'efforts de notre part ;

Et que les Anglais, au Tekna ; et que les Espagnols, au Rio-de-Ouro, nous menacent du côté des Kounta d'Adrar ; et que le Soudan est intéressé dans la lutte... ; et que nous ne voyons rien de ce qui s'y passe...

Serait-ce donc avoir perdu son temps que d'être resté plusieurs mois dans le Désert ?

L'itinéraire suivi par la mission a été le suivant :

A l'aller : l'Afthouth, sur les bords de la mer ; l'Amoukrouz ; le Tarad ; le Tarad-Emelil ; le Taffouelli ; l'Agneitir ; le Tasiast ; le Tiris.

Au retour : l'intérieur du Tasiast (Id Iagoub) ; l'Azfal ; le Tidjirit ; l'Ackhar ; l'Inchiri (dans sa partie occidentale).

Et le restant de l'itinéraire de retour se confond, à la hauteur nord du Boukergh, avec l'itinéraire d'aller. A savoir : l'Amoukrouz et l'Afthouth (Iguidi).

CHAPITRE PREMIER.

LE SOL.

Géologie superficielle.

Si nous examinons très rapidement (nous y reviendrons tout à l'heure) la constitution physique de ces différentes régions du Sahara occidental, comprises entre le Sénégal, le Tiris, l'océan Atlantique et l'Adrar, le Tiagané et le pays des I'dowiche, nous trouvons, déjà, cette uniformité d'ossature qui fait du Grand Désert un groupe géologique unique au monde.

C'est surtout le terrain dévonien qui domine. Presque toujours l'observateur a devant lui le grès pourpré ou vieux grès rouge.

Dans ces couches épaisses se tiennent en abondance les gastéropodes — mais parfois, quand elles (ces couches) sont marquées de coloration rouge, elles ne représentent dans leur contexture que des bivalves, hôtes assidus des vieux fonds sableux dévoniens.

La roche de fondation est de grès quartzeux rouge brique ou brun, presque toujours ferrugineux et disposé par bancs épais mêlés de conglomérats colorés : blocs de gneiss, granites et quartzites — surtout quartzites...

Il ne faudrait pas toutefois conclure de ce qui précède que ce sont là les seuls indices géologiques que l'on puisse recueillir en toute cette région.

Les dunes, par exemple, dont tout le monde connaît le mécanisme de formation, proviennent, il est vrai, en majeure partie, de la désagrégation lente des roches de grès, mais ne peuvent-elles point aussi avoir été formées par des alluvions sableuses ?

Or les dunes, sans avoir autant d'importance en pays trarza qu'en pays touareg, n'en constituent pas moins un des principaux caractères physiques du Désert occidental.

Les calcaires sont rares, très rares ; çà et là quelques plaques couvertes de fossiles appartenant aux époques carbonifères...

Sur la côte, signalons des pitons isolés de grès — avec, au pied, un sable quartzeux, produit direct de la décomposition de cette roche.

Et près de la mer, des galets striés, moutonnés... des schistes sans fossiles et des grès micacés, sorte de psammites toujours friables.

... Puis des roches teintées trahissant l'action d'oxydes métalliques... (à mentionner surtout celles d'origine ferrugineuse, dont j'ai du reste parlé plus haut).

Et c'est à peu près tout ce que l'on peut voir en pays d'ouest saharien, quand on n'a ni le temps, ni les moyens de faire des fouilles profondes.

Différents lieux habités par les Maures.

Je ne m'attarderai pas à mentionner, encore moins à décrire, les différents lieux habités par les Maures. Ces lieux sont indiqués *ne varietur* sur les cartes, et cela, bien à tort, car il n'est rien de plus incertain que l'emplacement d'un village indigène. Aujourd'hui ici ; demain là-bas... nomades par goût et par nécessité, errant sur leurs dromadaires au gré du désir de leurs troupeaux...

Impossibilité d'assigner aux villages d'indigènes des limites fixes.

C'est donc, je le répète, bien à tort, que les géographes

ont assigné des limites fixes aux divers centres de populations portés sur leurs cartes. En cet enchevêtrement de tribus, de castes, de familles mi-arabes, mi-berbères, mi-gens de couleur, qui constitue l'agglomération maure, il est déjà bien difficile de délimiter les frontières d'un groupe de même race. Comment, à plus forte raison, ne serait-il pas impossible d'arrêter définitivement sur le papier un emplacement à des douars comptant à peine vingt-cinq tentes ?

Ainsi surchargés de noms, les relevés paraissent très exacts — en réalité, ils contiennent nombre d'inexactitudes.

Erreurs portées sur les cartes.

Exemples :
L'Amoukrouz, placé à la hauteur du 18e parallèle, est, observations faites, de 20' plus au nord ; Andjil ou le Vieux-Portendik, indiqué sur la carte du commandant Regnault de Lannoy de Bissy, est inconnu des Maures ; ceux-ci ne se souviennent que de Marsa (1) ou Djioua ou le Nouveau-Portendik, vaste plaine sablonneuse gardant encore traces de fondations de maisons et de sept canons aux trois quarts rongés par le temps.

Aspect général.

On ne peut guère développer sur les itinéraires écrits que les caractères physiques de ces contrées. Et là encore les particularités orographiques ne sont pas nombreuses à signaler.

En toute cette partie du Sahara occidental, grande est la monotonie.

Dans le Trarza, voisin du fleuve Sénégal, le sol est en quelque sorte moutonné par toute une série de hauteurs

---

(1) L'*Escale*, en arabe.

hérissées de gommiers, dévalant les unes sur les autres...
c'est l'Iguidi.

Mamelons et plaines ; plaines et mamelons. Et toujours ainsi — jusqu'à ce que l'on soit enfin arrivé en plein milieu afthouth. Alors ce sont d'immenses steppes pauvrement herbeux, que, par moments, un caprice de la nature enclôt de cirques de collines gréseuses (sable rouge)...

... Puis la même uniformité reparaît pour retrouver encore, là-bas, vers l'horizon, les mêmes dunes de sable pourpre barrant le ciel.....

Orographie.

Les Maures décorent du titre pompeux de « montagnes », des gibbosités de terrain, d'à peine trente mètres de hauteur... pour la plupart blocs de sable charriés par le vent (surtout en la région côtière).

Des plaines se montrent semées à perte de vue de ces mêmes blocs, tous pareils. C'est le Harich ; c'est le Grand-Terg (Targa-Kebira), vallée cahotante dont la naissance a été déterminée à Aghangelit par le regretté voyageur Léon Fabert (1).

Targa-Kebira est la grande artère de communication de tout le pays ; elle commence dans l'Afthouth, remonte au Nord, non loin de Teniafoil, et piquant droit vers l'Est, s'arrête en cette solitude de hamada qui sépare l'Adrar du Tagant.

---

(1) On ne rend justice qu'aux morts : rendons justice à Fabert, homme d'énergie et de dévouement. Jeune encore, pris de la passion du voyage, il fit successivement trois explorations dans le Haut-Sénégal, les pays brakhna, trarza et idowiche. Il en rapporta d'intéressants documents, de consciencieuses études sur l'islamisme. Ces études devaient paraître en librairie, lorsque Fabert, se souvenant de son ancien métier de journaliste, accepta de suivre les opérations militaires de Madagascar en qualité de correspondant de l'*Agence Havas*. C'est au retour de cette dure campagne que la mort le surprit. Il avait à peine cinquante ans.

Vue de très loin, la dénivellation générale de cette immense contrée paraît à peine sensible. Un examen superficiel vous entretient dans l'illusion. Quand on regarde le sol avec une lunette ou du sommet d'une éminence, on a l'impression de l'océan — d'un océan soudain pétrifié. Et les mouvements ne deviennent sensibles que lorsque la lumière tombe bien d'aplomb...

L'Afthouth (1).

Aux portes du Sénégal commence l'Afthouth, vallée entrecoupée de salines — s'il est permis d'appeler de ce nom de minces plaques de chlorure de sodium couvrant le sol.

On longe la mer, toujours grondante par suite du manque de profondeur. Les lames déferlent, passent les unes sur les autres, pour venir se briser, avec fracas, sur le sable qui s'émiette.

Et voilà que soudain la terre coupe la mer et qu'apparaît tranquille, à peine frissonnant sous ses petites vagues régulières, le lac salé de Teniahié, dont la longueur est de 30 kilomètres, et qui peut avoir, dans sa plus grande largeur, environ 10.000 mètres.

Teniahié coule d'abord entre deux rives accidentées, étant donné l'aspect uniforme des lieux; de nombreux arbustes croissent sur ses bords. Puis les rives se resserrent, des dunes de sable gréseux apparaissent. Ces dunes deviennent collines... quand un brusque changement à vue s'opère : les collines rampent et meurent à la surface du sol, des rives sablonneuses unies comme une plage s'étendent gagnant du côté de l'océan, d'abondants dépôts nitreux étincellent au soleil. — Tout redevient aride.

La caravane marche toujours; on se retourne, et déjà le lac n'est plus qu'un mince filet d'argent qui brille aux derniers feux du jour. Mais bien loin encore dans

(1) En arabe : l'*Ouest* — c'est-à-dire la plaine qui borde partout l'océan.

le nord, on peut voir des lagunes se perdre dans les sables : c'est la fin du Teniahié...

Puis toujours et toujours de grandes plaines : Beauce africaine. De l'alfa, par places, et des gommiers. Çà et là, encore, des dunes de sable rouge... et piquant cette immensité vide de brusques taches, voici qu'apparaissent, de nouveau, des marais salants pleins de soleil.

Quel peintre ? quel Decamps ? quel Guillaumet ? quel Fromentin ? quel Marilhat ? pourra jamais rendre cette lumière crue, épandue, avivée par une atmosphère d'une cristalline limpidité qui sculpte en reliefs puissants les moindres objets.... les fait apparaître avec des dimensions gigantesques !

Optique phénoménale, trompe-l'œil de la nature qui, bienfaisante malgré tout, pour faire oublier sa monotonie, crée le mirage !

Les dunes.

Mais tout au bord de la mer des dunes se montrent. Et ces dunes assez bien boisées, sortes de bourrelets contre lesquels viennent presque se briser les flots, ont été souvent prises pour des collines. Le fait est qu'elles s'enchevêtrent les unes dans les autres de telle façon qu'il n'est vraiment rien d'étonnant à ce que d'aucuns, trop pressés de conclure, aient voulu les appuyer sur un véritable embryon de système orographique.

Le climat.

L'action atmosphérique (nous en reparlerons à la fin de cette étude) joue un grand rôle dans la vie physique du Désert.

— On sait, en effet, que les sables ne sont autre chose que le produit de la désagrégation des roches sous l'action du vent. —

L'air est donc sans cesse agité ; mais les courants viennent toujours des mêmes points : Nord ou Est.

La flore.

La flore est fort restreinte. Indépendamment du gommier (acacia verek) qui pousse dans tout le Sahara en massifs clairsemés, mentionnons :

L'*ibat* (ainsi nommé par les Maures) dont l'épi est analogue à celui de la folle avoine ; ses pousses latérales à la tige sont filamenteuses ; ses racines d'une grande ténuité s'étendent pareilles à d'immenses bras, allant à plus de cinquante mètres produire de nouvelles touffes.

Avec l'ibat les indigènes font des cordes et des plumes à écrire.

Mentionnons encore :

Le *tala*, arbre épineux semblable à l'acacia ;

Le *taïchit*, « arbre sans feuilles », aux branches flanquées de longues épines verdâtres, peu acérées ;

Le *genêt*, haut souvent de cinq à six mètres ;

Le *morokouba*, de la famille des Solanées, donnant d'assez bonne farine ;

L'*inîti*, sorte de cypéracée, fort désagréable végétal qui couvre le passant de petites boules aux mille pointes aiguës et adhérentes ;

Le *caoutchouc* nain, espèce particulière dégageant une forte odeur vineuse et occupant principalement les terrains accidentés ;

Le *tamaris*, si répandu dans tout le Sahara et remarquable par la quantité de sulfate de soude que ses cendres contiennent ; l'écorce de sa racine et de ses branches passe pour sudorifique, diurétique et apéritive. Le tamaris se rencontre surtout dans les plaines et dans le fond des vallées ;

L'*alfa*, — trop connu pour insister davantage (1).

Mais il reste bien entendu que plus l'on s'avance vers le Nord, c'est-à-dire dans l'intérieur du désert, plus la végétation arborescente décroît.

A trois cents kilomètres de Saint-Louis, elle finit par être à peu près nulle. Qu'on s'imagine alors de grandes étendues mornes, avec, de places en places, comme des parterres dans un jardin anglais — pardon de la comparaison — des tamaris pressés en touffes ; et dans les replis de terrains, dans les moindres recoins de dunes, des caoutchoucs bâtards allongeant sur le sol leurs longs bras noueux pleins de sève.....

La faune.

Aussi pauvre que la flore.

Le lion existe ; mais il est assez rare — tellement rare que dans tout ce voyage je n'ai pas pu en voir un seul.

Le sanglier, en revanche, est très commun — principalement dans l'Afthouth.

La gazelle se rencontre par bandes nombreuses ; de même les rongeurs : lièvres et lapins ; de même encore le chacal, l'hyène et le loup.

Près de la mer, à un demi-degré de Saint-Louis, au bord de ces marigots, vaste région hybride, indéfinissable géographiquement, qui n'est pas encore le Sahara et qui n'est déjà plus, cependant, le Sénégal, les pélicans et les flamands abondent.

Les hérons à aigrettes pourraient faire l'objet d'un important commerce.

---

(1) Les *palmiers*, représentés par l'espèce *dattier*, se trouvent en fort petite quantité et seulement dans quelques villages de Marabouts. Il serait facile cependant de les faire se multiplier. Le capitaine Vincent affirme c'était en 1860) en avoir vu à Tiourour plus de 2000. Il n'en reste plus un seul aujourd'hui — mais qui empêcherait d'en planter de nouveaux ?

Signalons encore l'autruche (1), le corbeau ; une sorte de passereau appelé *vet-vet* par les indigènes ; la vipère rouge, dont la morsure est mortelle ; le scorpion jaune ; le petit boa (dit du Sahara) et le corail.

Enfin, parmi les espèces domestiques est-il nécessaire de relever le bœuf, le mouton, la chèvre et le dromadaire (2) ?

Le Tarad et le Taffouelli.

Si nous continuons l'étude du Trarza, nous nous trouvons bientôt, après avoir passé l'Afthouth et l'Amoukrouz, sur une longue et étroite bande de terre aux côtes basses, rongées chaque jour de plus en plus par l'océan : c'est le Tarad.

Nous traversons les deux chotts de Leghrik, passage dangereux, étroit, perdu dans les sables mouvants, pour nous éloigner enfin du littoral et gagner le Taffouelli.

Tarad et Taffouelli présentent des caractères physiques identiques. Végétation de plus en plus clairsemée — avec d'abondants dépôts de carbonate de chaux et dans ses conglomérats des coquilles bivalves.

Quelques salines. Entre autres celle de Jreid près de Portendik, centre d'approvisionnement des Maures Ouladbou-Seba.

... Et le sol s'allonge, s'allonge indéfiniment en plaine, recouvert d'un sable, à ce point résistant, que le pied du dromadaire s'y appuie sans laisser traces.

---

(1) L'autruche n'est pas rare, surtout du côté des oasis de l'Adrar. Il serait à désirer que le Gouvernement du Sénégal cherchât à encourager cette industrie dont les revenus pourraient être assez élevés.

A consulter à ce sujet : l'*Elevage de l'autruche*, par J. Forest.

(2) N'oublions pas encore de faire remarquer que plus l'on s'avance vers le Nord, plus la faune diminue. Bientôt on ne trouve plus que la gazelle, l'autruche, le chacal et les différentes espèces de serpents mentionnées ci-dessus.

L'Agneitir.

Limites du pays trarza. Végétation plus abondante. Les bêtes de somme, condamnées durant leur passage dans le Tarad à un jeûne rigoureux, y trouvent un fourrage assez estimé... Encore d'immenses plaines, avec collines de sable par endroits. Peu de dépôts fossilifères...

Le Tasiast.

Mêmes caractères généraux physiques. Enormes monticules de grès ; blocs de quartz.

Du calcaire avec un peu de végétation dans les interstices. Mais dans la période d'hivernage les graminées se multiplient.

Le Tiris.

Vaste contrée entièrement recouverte de roches granitiques : nappe horizontale percée de blocs aigus. De novembre à mai, dans ce terrain caillouteux pousse une herbe aromatique que les bestiaux apprécient fort.

Le Tidjirit et l'Azfal.

Sol recouvert de gravier provenant, à n'en point douter, de roches feldspathiques. On y trouve des éclats moutonnés de granit et de porphyre. On peut y voir également se dresser des sortes de pitons composés de nombreux cailloux roulés.

Fourrage en assez grande abondance — ce qui dénonce un terrain calcaire par endroits. Alfa ; arbustes épineux...

L'Ackhar.

En cette région le voyageur entre définitivement dans le domaine des sables : un quartz excessivement fin, remarquable par sa pureté.

Pays maudits ; solitude affreuse. Pas un campement, pas un village, pas un cri, pas un chant d'oiseau, pas une forme animée dans cet immense cercle. Et ce vide vous écrase, vous fait paraître si petit, si petit, devant cette énorme force de nature, que par moments il semble que vous n'avez plus la notion exacte de l'existence — que vous n'êtes plus qu'une molécule morte de cet infini mort. Il se dégage de cette vaste plaine grise, que des paillettes de mica piquent de points noirs, une impression de magnifique grandeur et de si impérieuse tristesse, que les Maures, eux-mêmes, se taisent, les yeux fixés sur le long cou de leurs bêtes qu'un perpétuel tremblement agite...

La caravane marche — et l'on n'entend que le vent qui gémit, le sable qui crépite et le pas rythmique des dromadaires dont le large pied s'imprime dans le sol.

Les indigènes m'ont affirmé qu'en certains jours le « sable chantait ». Il faudrait voir là un phénomène assez commun dans le nord du Sahara, où il est désigné sous le nom de « sables sonores ». Ehrenberg a donné de ce phénomène une fort juste explication : « La grande chaleur du plein midi, écrit-il, dessèche le sable jusqu'à une certaine profondeur — tandis que l'humidité de la rosée le pénètre toutes les nuits et le rend aussi sec que sonore. Si un espace vide est pratiqué dans ce sable par un pied humain qui s'y enfonce profondément, la couche placée au-dessus de ce creux perd son point d'appui et commence à se mettre lentement en mouvement sur toute sa longueur. L'écoulement continuel et les pas répétés finissent par faire mouvoir une grande partie de la couche de sable sur la pente de la vallée ; le frottement des grains en mouvement sur ceux restant en repos au-dessous produit une vibration qui, multipliée, devient un murmure et enfin un grondement, d'autant plus surprenant qu'on ne remarque pas aisément le glissement général des couches superficielles. Quand on cesse de les agiter, elles cessent également peu à peu de glisser, après que les vides se sont comblés ; les couches de sable reprennent une base plus solide et reviennent dans leur position de repos (1). »

L'Inchiri.

L'Inchiri, frontières de l'Adrar, présente une suite de vastes dépressions s'étendant vers l'Est, semblables au lit desséché de quelque gigantesque fleuve.

Le sol très pierreux est, dit-on, recommandé pour sa « contexture ferme, unie, ses excellents pâturages ». Dans sa partie occidentale, la seule que j'ai visitée, je puis affirmer que l'Inchiri a un terrain ferme, uni, beaucoup de graviers, mais pas du tout de pâturages.

A relever l'existence de plusieurs puits profonds (35 à 40 mètres). L'eau de ces puits est très abondamment chargée de sels minéraux.

---

(1) Voir encore, au sujet de ce phénomène, l'ouvrage du docteur Lenz. *Timbouctou.*

CHAPITRE II.

LES HOMMES (1).

Les Maures.

Les Maures — ainsi appelle-t-on les Blancs arabes ou berbères qui habitent la partie occidentale du Désert — se sont groupés en vastes tribus nomades : tribus de pasteurs, tribus de pêcheurs, tribus de commerçants.

Tous sont d'origine berbère ; tous descendent des Zénaga (2), peuple puissant qui fonda dans le Nord le grand empire des Almoravides. Mais depuis cette époque ils se sont croisés avec les Arabes, donnant ainsi naissance aux indigènes actuels.

La grande famille blanche du Sahara, voisine du Sénégal, se partage en trois tribus : les Trarza au nord du Oualo ; les Brakhna au nord du Dimar et du Fouta ; les l' Dowiche au nord-est du Damga.

Les grandes tribus trarza.

Mais, pour les raisons indiquées tout à l'heure, il nous est impossible d'assigner un emplacement précis aux habitants de ces contrées.

(1) Pour plus amples renseignements sur les origines, la religion, races et types, usages et coutumes, organisation sociale et domestique des Maures, consulter notre livre : *Du Sénégal au Tiris, croquis sahariens* (Paris, 1896, 1 vol. in-18) (pour paraître prochainement).
(2) Les Zénaga ont donné leur nom au fleuve le Sénégal.

Tout ce que l'on peut dire, c'est que la grande division naturelle entre les tribus paraît être : celle des Maures septentrionaux, qui ne quittent jamais les plateaux du Désert, et celle des Maures du Sud — Guébélé — qui vont aux escales du fleuve vendre leur gomme aux traitants de Saint-Louis (1).

Il y a au Trarza deux grandes familles nobles dont l'influence est considérable (2). Je veux parler des Oulad-Daïman et des Oulad-Aïd.

Les uns marabouts, les autres guerriers : ils dominent le pays.

Les Marabouts.

Le *marbouth* (champion de la religion), dont nous avons fait par corruption : *marabout*, est le prêtre des musulmans.

Il se livre de façon spéciale à l'étude du Coran ; il affecte une piété grande, se piquant de vivre plus saintement que le reste de ses coreligionnaires.

Grâce à sa connaissance approfondie du code de Mahomet, le marabout est toujours consulté comme docteur et interprète de la loi. Il est officier d'état civil. Les jeunes gens contractent mariage devant lui et les enfants viennent apprendre à lire sous sa tente.

La caste religieuse en Sahara occidental se compose de *marabouts* proprement dits, c'est-à-dire d'hommes ayant embrassé la vie suivant le prophète, dès leur enfance, et de *tiyabs*, anciens guerriers devenus marabouts (3).

(1) Seuls les Oulad-Daman peuvent être regardés comme ayant un territoire leur appartenant en propre : c'est celui qui s'étend entre le lac Cayar au-dessus de Dagana, le Chamama, le Brakhna, et au nord les pays mal définis qui vont de Tenyera à l'extrémité de la chaîne relevée par Bourrel, et au Tessageurt. (Note fournie par M. Léon Fabert.)

(2) Elle a cependant beaucoup diminué depuis qu'Ahmed-Saloum a été reconnu émir des Trarza avec l'appui moral de la France.

(3) Plusieurs — entre autres Léon Fabert — disent les marabouts très

Les principales tribus de marabouts sont celles des :

Oulad-Daman ; Ehel Abieï ; Ehel-Rays ; Taguenit ; Tadjakant ; Darman'ko ; El Voudir ; El Barekallah ; El Midelich ; Idaouali ; Tagounante ; Oulad-Abieri ; Id-ab-Lassen ; Tendagha ; Tachidbit ; N'Eabo ; Roumleil'ch ; Id Iagoub ; Oulad-el-Vari ; Souyeilat, etc., etc.

Toutes ces tribus parlent l'arabe ; quelques-unes seulement le berber.

Les Guerriers.

Les guerriers ou *hassan* sont assez mêlés d'origine : beaucoup de Berbères mâtinés d'Arabes et peut-être presque autant de métis noirs. (Le noyau d'hommes sur lequel Ahmed-Saloum, l'émir actuel du Trarza, pourrait le mieux compter en cas de guerre, appartient au croisement maure-ouoloff.)

Les tribus sont nombreuses... innombrables. Autant de familles, autant de tribus, — ou presque. Les unes se forment, les autres s'en vont, se fondent en de nouvelles agglomérations.

Le moyen de s'y reconnaître dans ce flux et ce reflux d'hommes ?... Et au reste, à quoi cela pourrait-il bien servir de s'y reconnaître ?

Autant que la chose m'a été possible, j'ai pris, en cours de route, et au fur et à mesure que mon interprète me les indiquait, les noms des principales divisions de guerriers.

Les voici, par ordre d'importance : le tout présenté, bien entendu, sans trop grandes garanties d'exactitude de ma part :

El Haeballah ; Oulad-Ackhar ; Oulad-bou-Seba ; Elib ;

---

lettrés, très ouverts aux idées nouvelles et jouissant auprès de leurs compatriotes d'une autorité morale considérable.

C'est là, je crois, une grosse erreur que je m'attacherai, tout à l'heure, à combattre avec preuves à l'appui.

Louboïdat ; Oulad Rgueik ; Oulad-Aïd ; Zambotti ; Oulad-Daïman ; Oulad-el-Bolya ; El Agmoutar ; Oulad Beniouk ; Takhridiente ; L'n'radine ; Oulad Bo'li ; Ar'Allah ; Oulad-abd-el-Ouahet ; Embarek ; Erguibat ; Arrouijit ; Irrombatten ; Leyemph ; Degjmolla ; Soubak ; Sbe'hat ; Dragla ; Ideyrik ; Dab'agren ; Oulad-Amerane ; Bassiyne, etc., etc... (1).

Les métis noirs.

En résumé, nous pouvons dire que toutes ces populations nomades se composent de Berbères (à l'origine), d'Arabes et de métis noirs.

Il serait intéressant d'étudier ces derniers — en recherchant surtout quels sont les caractères d'infériorité sociale qu'ils peuvent présenter quand on les compare aux tribus non mélangées. — On sait qu'en Sahara le préjugé de race est très enraciné.

Peut-être ce travail tentera-t-il quelque observateur ? Il y aurait là de quoi éclairer d'un jour tout nouveau une question éthologique de la plus haute importance.

Les impôts.

La plupart de ces tribus payent une redevance à leur suzerain Ahmed-Saloum : moutons, dromadaires, bœufs, chèvres, pièces de calicot (guinées), sucre, poissons secs, dattes, poudre, etc...

Quelques-unes, cependant, sont affranchies de toutes espèces d'impôts, telles les castes maraboutiques. D'autres sont soumises à la « perception » Brakhna ou l'dowiche...

---

(1) J'ai pu constater que cette longue liste écrite scrupuleusement — on doit bien supposer, en effet, que je n'aurais jamais été inventer pareils noms ! — écrite scrupuleusement, dis-je, sous la dictée de mon interprète, ne différait que très peu de celle dressée par Léon Fabert. J'en conclus que nos deux interprètes ont dit la vérité. Et comme le cas est rare chez des interprètes, j'ai tenu à le signaler.

Les Elib.

A la frontière nord du pays trarza, en plein Agneitir, le voyageur rencontre les Elib.

Les Elib sont presque indépendants, en ce sens qu'ils obéissent à un chef nommé par eux et ne reconnaissent que très difficilement l'autorité d'Ahmed-Saloum.

Tous pasteurs, — obligés, à chaque instant, de partir en guerre pour défendre leurs troupeaux contre les Oulad-Delim, ils ont fini par devenir presque aussi voleurs que leurs ennemis.

Nous en avons eu la preuve durant notre trop long séjour chez eux.

Les Oulad-Delim.

Voleurs, les Oulad-Delim ne sont que ça — et le sont bien.

Ce sont les pillards patentés du Désert (1). D'origine arabe pure, ils ont cependant le type trarza. Peut-être seraient-ils plus blancs, mais ce changement dans la couleur de l'épiderme tiendrait à ce seul fait : qu'ils se sont moins croisés avec les noirs.

Qui dit Oulad-Delim dit nomade convaincu. Sans cesse sur son dromadaire, le guerrier du Tiris bat la plaine en tous sens. Pas une caravane ne trouve grâce devant lui, et le centre « Taffouelli » lui-même, avec sa population relativement dense, n'est point à l'abri de ses coups de main.

Le champ d'opération de cet indigène commence en Agneitir pour finir au Rio-de-Ouro (2).

---

(1) Déjà en 1860 on recommandait à l'explorateur Vincent d'avoir à s'en méfier.
(2) Ne dirai-je point en passant que c'est la peur seule des Oulad-Delim qui empêcha les Oulad-bou-Seba de nous accompagner jusqu'au Sud-Marocain ?
(Voir à ce sujet *Revue Bleue*, 1ᵉʳ semestre 1896.)

Autres tribus : Tasiast, Tidjirit, Inchiri.

J'ai essayé plus haut d'établir la nomenclature des principales tribus. — Je dis « principales », car je n'ai pas la prétention d'avoir donné un relevé exact des forces du Trarza. Il est impossible, je le répète, d'arriver à s'y reconnaître dans les mille et une ramifications de l'arbre généalogique maure. — J'ai donc établi, dis-je, plus haut, la nomenclature des principales tribus de l'Afthouth, de l'Iguidi, du Tarad, du Taffouelli, de l'Emelil et de l'Agneitir. Il ne me reste plus maintenant qu'à donner les noms des populations du Tasiast, du Tidjirit et de l'Inchiri.

Dans le Tasiast :
Les Barekallah (marabouts) ; les El-Gora ; les El-ben-Omar-el-Boude (fraction d'Oulad-Delim) et les El-Boëni.

Dans le Tidjirit :
Les Barekallah ; les El-Voudir — et quelques Maures d'origine berbère pure, dits Zénaga, disséminés.

Dans l'Inchiri :
Les El-Voudir ; les Barekallah et les Oulad-Lab (fraction d'Oulad-Delim).

N. B. — Les Oulad-Lab ayant pour chef un jeune homme fort intelligent qui pourrait être dans ces régions un précieux auxiliaire de la France (1), sont les seuls, parmi les Oulad-Delim, vivant d'accord, ou à peu près, avec les Trarza.

Les Oulad-bou-Seba.

Les Oulad-bou-Seba constituent un fragment de la grande souche marocaine émigrée au Rgueibat et au Tekna. Leur pays commence à la hauteur d'Agadir pour finir, au nord,

---

(1) Ce chef a nom : Abdallah-ould-Eli-ould-Ahmet.

dans le Tiris et, à l'est, dans le Tasiast et le Tidjirit. La plupart d'entre eux, Nin-Hannah et El-ben-Omar-el-Boude, sont pêcheurs, exerçant leur industrie sur la côte de Taffouelli et d'Agneitir (banc d'Arguin), de Blaiaouak au cap Sainte-Anne (1).

Le mécanisme social.

Le mécanisme social chez les Maures est connu — c'est celui de toutes les peuplades musulmanes.

Au sommet de la hiérarchie le guerrier et le marabout; puis le tributaire, semblable au métayer chez nous, qui paie une redevance à son suzerain, tout en gardant sa presque entière liberté ; enfin l'esclave, dont les conditions de dépendance sont réglées par le code de servitude musulman (2).

Cet esclave n'est pas maltraité, mais il est le plus souvent nourri de fort insuffisante façon. Il ne faut pas trop s'apitoyer sur son sort, l'intéressé lui-même n'y voudrait rien changer.

Sur les bords du fleuve Sénégal, il suffit à un de ces malheureux de se réfugier à Saint-Louis pour être immédia-

---

(1) Ajoutons que ces diverses tribus, tant Oulad-bou-Seba, qu'El Voudir et Barekallah, sont encore sous la dépendance d'Ahmed-Saloum. Mais comme ce dernier se tient d'ordinaire dans la partie tout à fait Sud de son district, il ne peut venir aussi souvent que cela serait nécessaire, surveiller la rentrée des impôts.

Négligence funeste à ses intérêts, car les Oulad-Delim en profitent.

(2) La loi permet la vente des noirs réduits à l'état d'esclavage, parce qu'en général ils sont infidèles.

L'individu qui achète un esclave infidèle ne l'oblige pas à embrasser l'islamisme. Mais dans le cas où ce dernier devient musulman, il n'en reste pas moins dans la servitude, lui et ses enfants. Un musulman possesseur d'un esclave vrai croyant ne peut le vendre à un infidèle.

Le maître doit subvenir aux besoins de son esclave suivant ses moyens. Il ne doit pas lui imposer une tâche au-dessus de ses forces.

L'esclave sera nourri et vêtu convenablement, sans différence, en ce qui concerne l'habillement et la nourriture, entre lui et son maître.

S'il est reconnu qu'un esclave a souffert de la faim longtemps, il est vendu, même malgré son maître, car chacun doit jouir de ses droits. (*Code de l'esclavage chez les musulmans.*)

tement affranchi — et il ne le fait jamais. C'est peut-être qu'au fond, il est bien persuadé que l'hospitalité qu'il recevrait chez les Ouoloffs et les Toucouleurs, ses frères noirs, ne vaudrait pas à beaucoup près sa captivité chez les Maures.

Et donc tout est pour le mieux dans le meilleur des mondes...

La femme.

La femme est là ce qu'elle est en tous pays de même croyance : ni plus épargnée, ni plus maltraitée.

Les Maures restent presque toujours monogames. Cependant certains d'entre eux — tel le chekh Saad-Bou, dont je reparlerai du reste tout à l'heure — peuvent avoir jusqu'à cinq, voire six « légitimes » (1).

Mœurs, coutumes, habitudes.

Leurs rapports dans la vie étant à ce point simplifiés, Trarza, Brakhn, a l'dowiche, Oulad-bou-Seba, Oulad-Delim, Yahia-ben-Osman mènent une existence horriblement monotone, sans désirs autres que de transporter, quand la nécessité les y force, leurs douars du nord au midi ou de l'est à l'ouest; sans désirs autres que de faire le minimum d'efforts... les captifs faisant le reste...

Leur famille; certes ils l'aiment — et pourtant avec quelle facilité ils répudient les femmes et oublient les enfants (2) !...

Mœurs patriarcales, somme toute, et devant singulièrement se rapprocher de celles des pasteurs de la Bible...

---

(1) Il est bon de faire remarquer que Mahomet n'a pas voulu limiter le nombre de femmes qu'un croyant peut avoir en mariage.
« Autant que ta fortune te permettra d'en nourrir », a dit le prophète.
(2) Pour divorcer, l'homme n'est point tenu de fournir des preuves. Un mari peut se défaire de sa femme en disant simplement : « Va-t'en, tu es divorcée ! »

La vie intérieure.

Devant la tente, à l'heure où le mouton dépouillé cuit tout entier sous le sable, les hommes, parmi les rares genêts qui tapissent le sol, s'accroupissent... Et ce sont des conversations interminables, seulement interrompues par le repas, par le thé (quand il y en a) qui chante dans la bouilloire et qu'on se verse très chaud, à petits verres — et très sucré; ce sont des conversations interminables, sur la politique du cheikh des Trarza, la puissance de l'empereur du Maroc, le mirage de la lointaine Stamboul, les hauts faits des ancêtres, et peut-être, souvent aussi, sur la marche des Européens dans le Désert...

Physionomie morale.

Mœurs patriarcales, disais-je plus haut... Oui, sans doute, mais ce n'est là qu'un côté de leur physionomie morale.

A l'opposé, nous trouvons l'hypocrisie avec toute la suite des défauts qu'elle traîne après elle : duplicité, mensonge, avarice et souvent lâcheté.

Le plus fort écrase le plus faible — absolument du reste comme chez nous — et le vol est ouvertement pratiqué.

Dans l'intérieur, dès qu'une caravane ou un *mechbour* est signalé, tout le monde met pied à terre, attendant, embusqué derrière les chameaux, que les nouveaux venus aient fourni des preuves manifestes de leurs bonnes intentions. Alors, de chaque côté, un *Khebir* (1) se détache et le *Salamalecoum* (2) d'usage est prononcé. Ne pas croire toutefois que cette formule sacramentelle, enfin dite, on puisse se fier, sans craintes, à la parole de paix. Un mo-

---

(1) Le conducteur de la caravane.
(2) Formule de bienvenue arabe.

ment de relâchement dans la surveillance peut être payé de la vie.

Un chamelier, indigène de la tribu des Erguibat, que j'avais dans mon escorte, m'a souvent montré la façon tout aimable dont s'y prennent ses compatriotes pour se débarrasser, sans trop grands risques, d'un ennemi gênant. Ils s'avancent, sourire aux lèvres, vers le personnage en question, lui prennent la main, la serrent fortement dans la leur — puis, faisant un saut en arrière et soudain entr'ouvrant leurs grands manteaux qui les couvrent jusques aux pieds, ils en tirent un fusil — et à bout portant font feu...

Guerriers contre marabouts, lutte sourde. Relâchement de la discipline religieuse.

Guerrier et marabout; pouvoir spirituel et pouvoir temporel. Ces deux castes se disputent la suprématie — et leurs querelles jettent un peu d'animation sur ce pauvre Désert aux mœurs aussi monotones que ses paysages.

Et dans cette lutte, en laquelle il faudrait peut-être voir plus qu'une simple préoccupation d'intérêts — mais bien le relâchement de cette discipline religieuse si fortement établie par le Prophète, une sorte de révolte contre la puissance de l'idée sur le fait...

Dans cette lutte, l'avantage reste, à n'en pas douter, au guerrier.

Nous allons le montrer.

CHAPITRE III.

L'ACTION POLITIQUE.

Influence exagérée du Marabout.

Plusieurs voyageurs ont parlé avec conviction et très abondamment de « l'autorité, de l'influence sans égale du marabout. »

« D'une grande intelligence, le plus souvent fort lettré, il exerce un ascendant inouï sur tous ceux qui l'entourent; il pourrait être pour nous un admirable agent d'influence dans le Sahara occidental (1). »

Sans nier cette influence qu'exerce le marabout, — influence due, hâtons-nous de le dire, bien plus au caractère même de ses fonctions qu'aux réelles vertus dont il fait preuve — sans nier cette influence, je crois, cependant, pouvoir affirmer qu'elle a été fort exagérée.

Chez le chekh Baba-ould-Hamdi.

J'ai vécu plusieurs jours chez Baba-ould-Hamdi — lequel Baba-ould-Hamdi possède une réputation de sainteté, que de nombreux *telmidi* (2) se chargent de répandre au loin.

Durant mon séjour, j'ai pu me faire une idée exacte du

---

(1) Léon Fabert.
(2) Disciples religieux s'inspirant de sa parole.

degré de prépondérance qu'un marabout célèbre exerce sur ses coreligionnaires.

A la chute du jour, le village entier de Bouzoubra se rend processionnellement à la suite de son pasteur dans le carré de sable enclos de branches de gommiers servant de mosquée. Et lorsque, les yeux tournés du côté de la Mecque, chacun prononce les phrases sacrées du *Salam*, il y a là un moment de ferveur religieuse intense... puis cette ferveur, cet enthousiasme mystique décroît bientôt, s'apaise, s'éteint...

Certes Baba-ould-Hamdi est toujours incontestablement le Sage en relations directes avec le Prophète, mais entre ses enseignements qui prescriront d'ignorer l'usage du fusil, de ne point voler son prochain, de ne point attenter à sa vie, — entre ses enseignements et ceux tout opposés de la caste rivale, les Maures n'hésitent pas.

Villages de Marabouts pillés par les Guerriers.

Ils hésiteront si peu que les malheureux villages neutralisés (1), c'est-à-dire habités par des marabouts pasteurs, seront régulièrement pillés et rançonnés — pillés et rançonnés par ceux-là même qui, à l'heure sainte de l'oraison, s'inclinaient le plus bas dans la poussière, se frappaient la poitrine avec le plus d'humilité....

Chez le chekh Saad-Bou.

Il a été beaucoup parlé, en ces derniers temps, du chekh Saad-Bou, originaire du Haodh, mais depuis trente années, déjà, fixé à Taouezit (pays de Tenyera).

Ce vénérable personnage, qui sauva en 1879 l'explorateur Paul Soleillet des mains des Oulad-Delim, est exempt, pa-

---

(1) On sait que les marabouts ne portent en fait d'armes que des bâtons.

raît-il, de tout fanatisme et rend entière justice à la droiture des Français.

Il habite une maison en pierres — où, soit dit en passant, ce sacrifice fait à nos habitudes européennes n'est pas pour lui attirer un surcroît de sympathie de la part de ses coreligionnaires — il habite une maison en pierres pourvue, ou à peu près... très à peu près, de tout le confortable moderne — et là, assis et non accroupi, sur une vieille chaise à ressort, achetée, sans doute, dans quelque cabinet de dentiste, il rend la justice, explique des oracles, interprète le Coran.

Léon Fabert, qui séjourna pendant un mois et demi dans le camp de Taouezit, a affirmé l'influence de ce personnage de la plus positive façon.

« Son nom, a-t-il dit, est connu très au delà de son propre district. Bien mieux, il paraîtrait que son frère, le chekh N' M' El Haïnin, installé dans l'Oued-Saghié, au sud de l'Oued-Noun, entretiendrait d'excellentes relations avec l'empereur du Maroc, qui lui enverrait souvent des cadeaux.

« El Haïnin, d'accord avec le marabout de Tenyera, aurait pour mission spéciale de s'opposer aux empiètements des Anglais sur les territoires sud-marocains...

« Combien regrettable, continue Léon Fabert, que nous ignorions presque entièrement par notre faute ce qui se passe dans cette partie du Sahara, qui nous intéresse d'une manière si directe ! »

Saad-Bou jugé par ses coreligionnaires.

Il est curieux de voir à quel point les opinions touchant certaines personnalités, certains faits, se modifient à deux années de distance — dans un pays, cependant, où tout paraît être immuable.

Le regretté voyageur a écrit de bonne foi, en 1892, ce qui précède.

En 1895, j'écris de bonne foi ce qui suit :
Saad-Bou est loin d'avoir en Tenyera la réputation qu'on lui veut bien prêter. Il y est plutôt considéré comme une sorte d'intrigant, trop intéressé à plaire aux seuls Européens, au détriment de son propre pays.

Entretien avec un des fils du chekh Saad-Bou.

L'occasion m'a été donnée de cheminer, durant plusieurs jours, avec un des fils du célèbre marabout. En tenant compte des réticences de ce jeune homme, qui évidemment ne pouvait pas avouer que l'influence de son père avait baissé en de considérables proportions, j'ai pu arriver à savoir à peu près exactement à quoi m'en tenir sur la situation politique et religieuse d'un des personnages les plus en vue du Désert occidental.

Saad-Bou et l'Empereur du Maroc.

L'amitié du Sultan du Maroc, ces protestations de dévouement... ces cadeaux échangés... tout cela n'est plus rien aujourd'hui.

L'empereur Mouley a voulu, sans doute, pour le servir, des volontés plus désintéressées. Dans une lettre, écrite courant de l'année 1893, il a, paraît-il, fait défense aux deux chekhs de favoriser les intérêts français, sous peine de voir leur maison détruite, leurs biens confisqués, la déchéance de leurs pouvoirs spirituels, proclamée.

Et pour ce qui est plus spécialement de cette mission importante que Saad-Bou, d'accord avec son frère, se serait imposée — à savoir, la résistance à tous les efforts de pénétration tentés par les Anglais dans le Sud, est-il nécessaire d'insister beaucoup pour en dégager le néant ? Nos rivaux ont une influence réelle dans les oasis de Tekna, à Tin-Douf, à Juby... ils convoitent l'Adrar... Où sont donc les résultats obtenus par le chekh Saad-Bou ?

Saad-Bou et la pénétration en Adrar.

Si ce saint *Almorabeth* (1) était aussi puissant qu'on se plaît à le dire, n'aurait-il point déjà cherché — lui qui est aux portes d'El-Chingueti — à favoriser notre entrée en Adrar?

Qu'a-t-il fait jusqu'à présent?...

Mais il se garderait fort de faire quelque chose... quoi que ce soit... le pauvre homme! Il sait trop bien qu'à la moindre démarche, à la moindre sollicitation de sa part, l'émir des Yahia-ben-Osman (2) répondrait par un refus formel.

Alors quoi?... Alors rien.

Le marabout, presque déchu, se contente de garder dans son camp l'explorateur venu pour tenter la traversée des fameuses oasis; il l'endort de belles paroles, de vaines espérances, d'explications plus vaines encore... « Demain tu pourras partir... Non, pas demain... après-demain... la semaine prochaine !... » Et cela dure trois mois!

Les marchandises de route, vivres, pacotille, s'épuisent. Et quand elles sont épuisées — c'est alors qu'on peut voir le Saad-Bou changer subitement d'attitude.

« Tu n'as plus rien? En ce cas il faut t'en aller, mon cher hôte — vite, vite, regagner le Sénégal d'où tu es venu! »

Et notre malheureux explorateur s'aperçoit enfin qu'il a été trompé — trompé et volé par celui-là même qui lui témoignait tant de bienveillance.

« Mon Dieu! disait quelqu'un, préservez-moi de mes amis! De mes ennemis je m'en charge ! »

---

(1) Champion de la religion.
(2) Pour me bien prouver que la situation de Saad-Bou était menacée, plusieurs Maures m'ont raconté que le chekh de Taouezit avait été obligé de s'armer pour parer à toutes éventualités d'attaques. Les sous-sols de sa maison de pierre seraient, paraît-il, bondés de balles et de fusils à deux coups.

Quand on voyage dans le Sahara, il faut avoir soin de ne jamais oublier cette sage prière.

De l'hostilité des Maures.

Ici, le gros problème de l'assimilation vient se poser.

Pourquoi les Maures — je parle de ceux habitant les bords du fleuve du Sénégal, dont nous assurons la sécurité, sans menacer en rien l'indépendance — pourquoi les Maures ne nous témoignent-ils aucune gratitude? Pourquoi, bien loin de nous aimer, nous détestent-ils ? Pourquoi est-ce la peur seule des représailles qui les empêche de fomenter la révolte contre nous (1) ?

Pourquoi ?

Cet état d'hostilité latente, cette méfiance craintive peut s'expliquer de prime abord, tout naturellement. Pas n'est besoin d'avoir pratiqué longtemps les populations musulmanes pour savoir que le chrétien est — et sera toujours l'ennemi : un peu mieux considéré que le juif, un peu plus méprisé que le captif soudanais.

Une des causes de cette hostilité : le mépris trop apparent des colons de Saint-Louis pour les Maures. Traits de mœurs.

Mais n'y a-t-il que ça ? Mais à côté de ces causes « ethniques », tenant aux fibres mêmes de la race, n'y a-t-il point d'autres causes qui, pour être moins probantes à première vue, n'en ont peut-être que plus d'importance ? Cherchons.

Un trait de mœurs me frappa en arrivant à Saint-Louis. Je veux parler du peu de bienveillance, à défaut d'égards, que témoignent les négociants blancs et même leurs traitants de couleur, aux Maures Guébélé venus en caravanes pour vendre leurs produits. A l'adresse de ces infor-

---

(1) Trarza et Brakna se souviennent encore fort bien des défaites successives que leur infligea Faidherbe en 1855.

tunés, ce sont vexations sans nombre, coups d'épingle qui les blessent jusqu'au sang, parce qu'ils sont très fiers.

L'opinion veut là-bas que Trarza et Brakhna soient en eux-mêmes un résumé de tous les défauts et de tous les vices. Boucs émissaires chargés de tous péchés...

Certes, ils sont loin d'être parfaits. J'ai montré tantôt qu'ils savaient être hypocrites et menteurs — voire voleurs à l'occasion... sinon plus.

Mais de là à en faire d'abominables bandits, cruels, sanguinaires, sans feu ni lieu, sans foi ni loi, indifférents sur le choix des moyens à employer, il y a une distance.

Et cette distance est toujours franchie par les colons sénégalais.

Ils reprochent aux Maures leur malhonnêteté : raison de plus pour eux de montrer le bon exemple. Ils ne rempliront, en agissant de la sorte, que leur devoir d'hommes civilisés...

Or que se passe-t-il ? C'est que ceux-là qui s'en vont criant très haut contre la duplicité saharienne ne sont pas eux-mêmes de la plus entière bonne foi.

Les Maures volés par les traitants noirs.

Les traitants noirs opérant pour le compte des grandes maisons de Saint-Louis peuvent être d'excellents intermédiaires, apportant beaucoup de zèle dans la défense des intérêts de leurs patrons, — mais ce sont, à coup sûr, de fort peu scrupuleux acheteurs.

On raconte, dans le Oualo, à qui veut l'entendre, que les balances... manquent souvent de précision.

A Dagana, j'ai été moi-même témoin de scènes convaincantes :

Une caravane de l'Iguidi venait d'apporter au traitant d'un grand comptoir un lot considérable de gomme.

Le paiement se fit séance tenante — et les indigènes acceptèrent, yeux fermés, l'argent que voulut bien leur remettre l'acheteur. Mais, quelques instants plus tard, on pouvait les voir s'arrêter et réfléchir. Ils comptèrent, ils recomptèrent — et soudain s'aperçurent qu'ils avaient été fort habilement joués.

Revenir sur leurs pas et protester, il n'y fallait point songer : les gendarmes noirs, heureux de sévir sur leurs ennemis de jadis, n'étant guère d'humeur à tolérer manifestation quelconque. Et puis le marché était fait et bien fait... Les pauvres diables s'en allèrent donc : battus et pas contents. Ils traversèrent le fleuve en silence — et ce n'est que lorsqu'ils eurent atteint la rive Trarza qu'ils purent alors donner libre cours à leur indignation, accablant d'invectives ceux qui les avaient ainsi trompés, montrant les poings, jurant de se venger, si jamais le coupable s'avisait de venir chez eux... etc.

Le traitant haussa les épaules, ne prêta pas la moindre attention à ces menaces. Il oublia même... d'en parler à sa maison, et comme par le passé continua à faire usage de bascules fausses et de poids fourrés.

De pareils procédés ne sont pas précisément faits, on en conviendra, pour donner une haute idée de notre probité commerciale aux indigènes, nos voisins.

Transformation morale. Nécessité de ménager les susceptibilités des Maures.

Si nous savions mettre un peu plus de réelle bienveillance, de tolérance affectueuse dans nos rapports avec eux ; si nous savions nous souvenir en temps opportun, que ces hommes, si incultes, si grossiers qu'ils soient, sont aussi sensibles que les autres aux bons traitements, qui sait si nous ne verrions pas chez eux notre influence s'accroître ; qui sait si telles transactions, tels accords, paraissant impossibles aujourd'hui, ne trouveraient pas alors, et sans difficulté, un dénouement favorable ?

On ne saurait croire combien la fermeté unie à la douceur, la droiture d'intention, la franchise avec le respect de la parole engagée, exercent d'influence sur des peuplades dont le moindre souci est l'union de leur conscience avec ce qui est juste et ce qui est bon...

Il n'y a encore que les voleurs pour rendre justice aux honnêtes gens...

Incroyable paresse des Maures.

La transformation morale d'un peuple n'est qu'une question de temps.

Un Maure charitable, dévoué, reconnaissant, plein de franchise : cela pourra peut-être se rencontrer un jour.

Un Maure aimant le travail : ça ne se rencontrera jamais.

La paresse est chez lui maladie incurable ; et cette maladie existe à l'état aigu de la frontière sud-marocaine aux rives du Sénégal.

Il reste entendu que le guerrier ne fait rien et ne fera jamais rien de sa naissance à sa mort — si ce n'est les choses concernant spécialement son état : pillages, razzias, châtiments de rebelles, vendettas, etc.

Quant au marabout, lui, il voudra bien parfois, de loin en loin, de très loin en très loin, se souvenir des recommandations de son Prophète. Les prières achevées, il jettera alors le coup d'œil du maître sur ses troupeaux de moutons et de bœufs...

Les captifs seuls travaillent.

Mais ne lui parlez jamais de la récolte de la gomme, du creusement des puits, des soins journaliers à donner aux bestiaux, du tissage des étoffes destinées aux tentes, de la confection des cordes et des piquets de campement... car cela ne regarde que les tributaires, les *harratines* et les captifs, gens de peu.

Cette apathie invincible empêchera toujours les indigènes sahariens de tirer partie d'un sol, à la vérité fort ingrat, mais qui pourrait — au moins en certains endroits — au prix d'efforts sérieux, être amené à un suffisant degré de productivité.

Une tribu de Maures travailleurs : les Oulad-bou-Seba.

Fort heureusement, il existe au nord du Trarza quelques tribus entendant mieux leurs devoirs sociaux :

Je veux parler des Oulad-bou-Seba qui, comme je le disais tout à l'heure, constituent un fragment de la grande souche marocaine émigrée dans l'Erguibat et le Tekna.

Tous pêcheurs — et de mœurs très douces — depuis longtemps ils sont nos amis (1). Leurs chefs demandent avec instance que nous nous installions dans les contrées qu'ils habitent, car il leur est de plus en plus difficile de résister aux prétentions de l'émir des Trarza, d'un côté — et des Elib et des Oulad-Delim de l'autre (2).

Nin-Hannah et Tendagha seraient pour nous de précieux auxiliaires.

Qu'un jour, un négociant français plus entreprenant que les autres s'avise d'installer des sécheries au Banc d'Arguin — nous en reparlerons dans un chapitre spécial — et je crois qu'il pourra, en toute confiance, faire appel à leur bon vouloir.

Leur commerce de poissons séchés.

Les pêcheurs de Blaiaouak et de El-Mehambar sont les grands fournisseurs de poissons des Trarza et des Adrariens. Toutes les caravanes de passage sur le littoral

---

(1) Les Nin-Hannah, surtout. Ils nous l'ont répété à maintes et maintes reprises.

(2) De l'émir des Trarza, principalement, qui ne cesse de les accabler de vexations de toutes sortes.

viennent s'approvisionner chez eux. Les prix sont uniformes : quarante morues, de moyenne grosseur, sont payées une pièce de guinée — soit 7 francs 50 centimes.

Autres tribus accessibles à notre influence.

D'autres tribus sont encore nettement, ou à peu près, accessibles à notre influence.
Les voici par ordre de population :
Oulad-Daman ;
Id-ab-Lassen ;
Haeballah ;
Erguibat ;
Darman-Ko ;
Tagounante ;
Id-Iagoub... (1).

Protestations d'amitié.

Dans ma traversée de l'Inchiri et du Tasiast, j'ai pu recueillir des protestations d'amitié de la part des chefs El-Voudir et Barekallah.

Les Irréductibles.

A citer les Oulad-Delim, dont il a été longuement question déjà ; à citer encore les El-Gora, les El-ben-Omar-el-Boude (fraction d'Oulad-Delim), les Elib et les Oulad-Ackhar.

La pénétration en Adrar.

J'ai parlé plus haut de l'Adrar. J'y reviens.
L'Adrar occupe sur la carte du Sahara une telle situation ; son importance politique, économique, stratégique

---

(1) Toutes les tribus dont j'ai donné, pages 20, 21, 25, la nomenclature, sont neutres ou tout au moins ne nous font pas d'opposition trop ouverte.

est si grande que rien de ce qui s'y passe ne doit nous laisser indifférents.

Or il s'y passe bien des choses qui sont graves.

Entretien avec un frère d'Ahmed-ould-Aïda.

Il m'a été donné, en cours de route, de me rencontrer avec le propre frère d'Ahmed-ould-Sidi-Ahmed-ould-Aïda, cheikh des Yahia-ben-Osman. Et celui-ci, à plusieurs reprises, a affirmé à mon interprète que les Anglais de Tarfaïa (Sud-Marocain) avaient, *par deux fois*, envoyé à El-Chingueti des émissaires chargés d'arrêter les bases d'une entente commerciale.

Les Anglais veulent s'emparer de l'Adrar.

Ahmed-ould-Aïda aurait, paraît-il, refusé d'entrer en relations avec eux. Mais qui pourra nous faire connaître les termes exacts de ce refus? Est-ce une fin de non-recevoir sans appel, ou plus simplement un désaccord sur certains points de peu d'importance — désaccord momentané ne pouvant compromettre en rien les résultats d'une alliance?

Voilà ce qu'il ne nous serait possible de savoir qu'en tentant nous-mêmes la pénétration.

Les grandes caravanes de l'Adrar.

Plus que jamais cette pénétration s'impose.

De par sa présence en plein pays maure entre le Haodh et la côte — l'Adrar est le lieu de passage indiqué des caravanes allant du Soudan au Rio-de-Ouro et au Sud-Marocain.

Les Trarza qui, après avoir franchi les plaines inchiriennes, atteignent la grande oasis d'El-Hafeïra, se rencontrent dans l'Ouadan avec d'autres caravanes effectuant la traversée nord complète du Désert.

Et donc, en résumé, le grand pays qui nous occupe est

le point de jonction forcé de presque toutes les troupes importantes de marchands qui partent de la Sénégambie et du Soudan.

Entre des mains européennes, l'Adrar peut être inexpugnable : énorme batterie avancée en pleine hamada, menaçant les Anglais, leur faisant défense d'entrer plus avant dans ce Sahara occidental que les Conventions ont fait nôtre.

Résultats à obtenir par l'occupation de l'Adrar.

Résultats :

La route du Soudan coupée ; les produits détournés de leur voie habituelle : Tin-Douf, oasis de Tekna, cap Juby — pour affluer sur la côte, sur le Banc d'Arguin, au centre de cette immense région soumise à notre influence...

Organisation d'une mission.

La pénétration en Adrar... Mais comment la tenter ?

A mon avis, une mission d'exploration, pour réussir, ne devra point partir de Saint-Louis, mais du littoral du Tasiast : Arguin — ou du littoral du Tarad : Portendik.

Un navire à voiles, une simple petite goélette, l'amènera, en dix jours à peine, sur la côte saharienne...

Je m'explique : En prenant pour point de départ la capitale du Sénégal, le voyageur est obligé de traverser tout le pays trarza ; un nombre considérable de villages, de campements se trouve sur son passage : il s'y arrête. Et les exigences de se montrer, et les demandes de cadeaux d'affluer, et le pillage de s'organiser...

Les guerriers entourent le malheureux missionnaire, lui dépeignent le pays où il veut aller sous les couleurs les plus sombres, prédisent sa mort — et comme un être dont la fin est prochaine n'a plus à s'inquiéter des biens de ce monde, ces aimables larrons en profitent pour faire de nombreux vides à sa pacotille.

Ce pendant que les marabouts, prenant à témoin Allah de leur bonne foi, lui conseillent de temporiser, de s'installer avec eux dans un douar...

En débarquant directement à Arguin, pour s'enfoncer aussitôt dans l'intérieur, on évite tous ces retards.

Restent les pillards. Mais comme de toutes façons il faut compter avec eux, il s'agit simplement d'être de force à les repousser.

Une bonne escorte de vingt hommes, armés de carabines Gras modèle 1874, ou mieux encore de fusils à répétition, est suffisante.

Sur la côte saharienne.

Il serait indispensable — j'y insiste encore — qu'une goélette amenât sur la côte saharienne, et le personnel de la mission, et *tout* le matériel nécessaire à un voyage de plusieurs mois.

C'est qu'en effet, toute cette région présente l'aspect de la plus abominable solitude. Rien sur la mer, rien sur la terre — le vide absolu.

Des différents établissements, signes autrefois de notre prospérité commerciale, il ne reste que des ruines. A Agadir, je retrouve une citerne construite à l'européenne ; et à Portendik, je manque de trébucher sur un vieux canon, ombre de canon croulant de rouille, aux trois quarts enfoncé dans le sable...

Traditions françaises. Houlquije.

Et pourtant il y a chez les Maures une tradition française !

Les Marabouts parlent encore d'un Bordelais, nommé Houlquije?... qui était venu s'installer près de la saline de Jor, au commencement du xviii° siècle.

Cet Houlquije est pour eux une sorte de personnage

de légende. Bourru bienfaisant, un peu médecin, un peu apothicaire, soignant les malades et n'exigeant d'eux, en retour, que le récit de quelques vieilles légendes, de quelques typiques chansons de geste — toutes chaudes de poésie.

Notre compatriote s'intéressait fort à toutes les manifestations intellectuelles du peuple au milieu duquel il vivait. Parlant correctement l'arabe, il aurait même laissé, dans cette langue, des vers... C'est du moins ce qu'un tiyab de la tribu des Tendagha m'a affirmé...

Au Rio-de-Ouro et au Sud-Marocain. Anglais et Espagnols contre Maures.

Quoique vivant dans la plus complète solitude, Ouladbou-Seba et Trarza savent fort bien ce qui se passe hors de chez eux.

Tous connaissent les efforts que tentent, en ce moment, les Espagnols au Rio-de-Ouro et les Anglais au Sud-Marocain pour arriver à prendre commercialement possession des routes du Sahara occidental.

Leur sont-ils hostiles? Leur sont-ils favorables? Ni l'un, ni l'autre : c'est si loin !... Ils se contentent d'enregistrer docilement les nouvelles qui fréquemment leur arrivent de l'Oued-Draa — à savoir que : « Les *Blancs* de Tarfaïa (cap Juby) ont été massacrés par une armée ayant à sa tête le Sultan lui-même ! »...

« Que les *Blancs* d'Erguibat (Rio-de-Ouro) ont été jetés à la mer par les Oulad-Delim — et que des trois factoreries qui marquaient leur emplacement sur la côte des Guerguer, il ne reste plus rien... que du sable... »...

Cinq ou six fois, en cours de route, nous apprîmes ainsi l'écrasement de nos voisins des Pyrénées et d'outre-Manche. Et chaque nouveau récit l'emportait sur le précédent, par l'abondance des renseignements, la multiplicité des détails, la précision des chiffres, tous destinés à faire ressortir l'extrême pusillanimité des *Roumis* devant l'extrême bravoure des fils du Prophète.

Au début, cela jeta dans nos esprits un trouble compréhensible. Mais on s'habitue à tout. Et nous nous y habituâmes tellement bien, que tous les quinze jours, si nous n'avions pas vu, à la tombée de la nuit, un vieux Marabout se détacher d'un groupe, entraîner mystérieusement l'interprète, en quelque coin du campement, pour lui conter, avec force gestes tragiques, les péripéties émouvantes d'un de ces drames terribles rapportés plus haut, il nous eût semblé qu'il nous manquait quelque chose... que le dernier fil nous reliant au monde civilisé venait d'être coupé...

. . . .

Et plus nous entrions en ces existences de nomades, plus les voiles cachant les mœurs se dégageaient devant nous — et plus cette œuvre formidable de morale égoïste que Mohamed créa de toutes pièces, pour l'enfoncer comme un coin dans le cœur même de l'Orient, plus cette œuvre formidable prenait d'ampleur devant nous... Et plus nous nous disions : que ce Prophète était un fameux homme pour avoir si bien figé dans le même moule ces populations, qu'aujourd'hui, après cinq siècles de défaites, c'est encore sous des lignes presque aussi accusées, cette même immobilité farouche, ce même mépris pour nos organisations sociales, cette même espérance dans l'apothéose de triomphe qui réunira un jour tous les musulmans victorieux sur les ruines de la vieille Europe...

. . . .

CHAPITRE IV.

L'ACTION ÉCONOMIQUE.

Le commerce du Sénégal : l'arachide.

On peut dire que tout le commerce des pays sénégalais repose sur deux produits : la gomme et l'arachide.

Les noirs, trop paresseux, ne veulent cultiver que cette dernière plante (1). Pour ce, ils fertilisent le sol en brûlant les mauvaises herbes qu'ils ont d'abord coupées et laissées sécher sur place. Les femmes et les enfants bêchent alors légèrement le terrain, sèment les graines et les recouvrent de terre. Les semis se font de la fin de juin au milieu d'août, et la récolte a lieu quatre ou cinq mois après (2).

Depuis la création du chemin de fer de Dakar à Saint-Louis, le commerce des arachides a pris un développement considérable. Tout le Cayor a été défriché et il n'est point maintenant de village sur la ligne qui n'ait ses champs de production.

Mais la concurrence est arrivée, avec elle la surabondance — et l'arachide subit bientôt une baisse énorme. Telle variété qui valait autrefois 17 fr. 50 et même

---

(1) Je ne parlerai pas de la culture du mil, quoique sa superficie d'ensemencement atteigne près de 200.000 hectares. Le mil n'est pas matière à commerce. Base de la nourriture des indigènes, il est tout entier consommé dans le pays, et c'est à peine si une petite partie de la récolte annuelle (4000 tonnes environ) est expédiée sur Bordeaux, où elle entre dans la composition de l'alcool et de la farine.

(2) *N tices coloniales*.

20 francs, ne trouve aujourd'hui acquéreur qu'à 15 francs. Chaque année la dépréciation s'accentue.

Le rapport total a été en 1894 de 90.000 tonnes environ, réparties comme suit : 80.000 tonnes à Rufisque, Sedhiou, Carabane, Boké, Tivavouane ; 10.000 tonnes seulement à Saint-Louis.

On voit donc que cette dernière ville n'entre que pour une part très minime dans le mouvement d'exportation de cette légumineuse — 1/7 environ de la quantité traitée dans le Cayor.

Et pourtant la capitale du Sénégal a d'importants comptoirs faisant chaque saison un chiffre respectable d'affaires.

A quoi donc, à quel négoce, faut-il attribuer sa prospérité ?

A la traite de la gomme (1).

La gomme.

Consommation énorme, sans fin : confiserie, lingerie, dentelles, impression sur tissus : tout cela demande de la gomme.

Les étoffes de coton à elles seules sont insatiables. Malgré une vente totale de 4 millions de kilogrammes (dont près de trois millions à Podor seulement, 600.000 kilogrammes dans le haut du Fleuve et le restant en espèces friables et mélangées des Rivières du Sud), les besoins de cette industrie sont tels que l'écoulement pourrait être dix fois plus considérable.

(1) La gomme, presque entièrement produite par diverses variétés d'acacias et principalement par les suivantes : *tomentos, adstringeans, fasciculata, véreh, neboueb, seyal*, apparaît sous l'influence de certaines conditions morbides ; elle provient d'une maladie de l'arbre.

Au mois de novembre, lorsque le vent sec et chaud du désert commence à souffler, l'écorce des gommiers se fendille et laisse exsuder la gomme qui s'épaissit rapidement et atteint parfois un volume assez considérable.

La récolte alors commence. Elle n'est tout à fait terminée qu'au mois de mai (*Notices coloniales*).

Nouvelles plantations de gommiers.

Si l'on songe que l'acacia de l'espèce *vérek*, pouvant donner près de 800 grammes de gomme par saison, vient à peu près partout, ne réclame aucun soin, on se demande comment il ne s'est pas encore trouvé de colons pour exploiter pareille culture, à bénéfices aussi certains.

Mais c'est là, sans doute, une idée trop simple...

La traite de la gomme au Sénégal.

Le Sénégal est le seul pays d'Afrique où se fasse encore la traite de la gomme. Peut-être sera-t-il intéressant de connaitre la façon dont s'y prennent les maisons de commerce de Saint-Louis pour se rendre acquéreurs de cette importante récolte.

Avant le décret du 22 mars 1880, déclarant libre le trafic dans le fleuve, ce trafic comprenait cinq catégories distinctes — mais aujourd'hui, depuis l'application du décret précité, ces catégories n'existent plus, — chaque négociant peut conclure marché d'un bout à l'autre du Sénégal (1).

Et voici comment il s'y prend :

Ou il confie une somme de... à un traitant noir (simple salarié ordinairement payé, pour une tournée, de 5 à 6000 francs) qui remonte le fleuve, souvent jusqu'à Médine, pour échanger ses marchandises contre des larmes sèches (2).

Ou il charge un traitant libre de se rendre acquéreur d'un stock qu'il lui rachètera ensuite à Podor au prix du cours.

La gomme est apportée par les indigènes dans des sacs de cuir et vendue pour des marchandises ou des pièces de cinq francs en argent.

(1) Il faut toutefois faire remarquer que la patente ne peut couvrir tous les établissements d'une même maison de commerce; cette patente doit être payée par chaque comptoir qui exporte ou importe directement.

(2) Gomme non friable peu volumineuse et transparente. Très estimée.

Les Guinées, principale marchandise d'échange.

Le principal article de troc est la *guinée*, pièce de cotonnade bleue de 15 mètres de longueur, divisée en 30 *coudées*, de 50 centimètres chacune.

Les guinées sont fabriquées à Savannah (près de Pondichéry), à Lyon, à Gand et à Manchester.

La Savannah (marque X) vaut 7 fr. 50 cent. la pièce. Elle a 15 mètres de longueur sur 0, 80 centimètres de largeur. Elle est très demandée — quoique mauvaise, déteignant rapidement.

La marque de Lyon, bien supérieure cependant, est acceptée avec difficultés par les Maures. J'en avais emporté quelques coupons avec moi : il me fut presque impossible de m'en défaire.

La *Chandora*, d'origine hollandaise, est tout à fait laissée de côté. Elle valait autrefois 9 francs.

D'aucuns prétendent à Saint-Louis que les guinées belges ne valent plus rien. La marque (triangle) la plus recherchée, il y a cinq ou six ans, aurait, dit-on, beaucoup baissé : c'est là une erreur. Les Trarza m'ont très souvent demandé ce modèle, s'étonnant, à chaque fois, de ne point le trouver en vente.

Le mécanisme d'achat

La façon de lier marché avec les indigènes est comme suit :

Une caravane arrive (1). On traite à *20 et 25*, par exemple. Ce qui équivaut à dire « 20 kilogrammes de gomme seront donnés contre une pièce filature X Savannah, ou 25 kilogrammes du même produit seront échangés contre une pièce de guinée belge. »

---

(1) La caravane durant son séjour est nourrie.

Mais des chiffres plus précis feront mieux connaître ce mécanisme de transactions :

Sur 100.000 francs de marchandises diverses données aux traitants pour faire l'achat, les guinées entrent pour moitié environ.

Autres marchandises d'échange : les tissus, le sucre et le tabac.

Un quart est réservé aux tissus : sucreton, roum, calicot, escamine à 30 centimes le mètre.

L'autre quart comprend le sucre raffiné (de préférence en pyramides de 2 kilogrammes 1|2 et de 5 kilogrammes) ; le biscuit de mer ; le tabac en feuilles ; le riz ; le thé — et enfin les « bagatelles » : miroirs, peignes, rasoirs, tabatières, briquets, couteaux, parfumerie grossière (eau de Cologne principalement — les Maures s'en servent pour parfumer leur tabac à priser), colliers de corail (1), etc., etc.

Les autres articles également très demandés sont l'ambre et les bagues en cornaline (2).

Bénéfices assurés sur la vente des deux seuls produits gommes et arachides.

Je viens d'essayer de montrer ce qu'était le commerce de la gomme au Sénégal... J'y reviendrai encore tout à l'heure... Mais dès à présent il importe de faire ressortir un fait, un seul :

---

(1) Une maison importante de Paris, la maison Schwister, m'en avait généreusement fourni une trentaine qu'il m'a été très difficile d'utiliser. Presque à aucun prix ces capricieuses indigènes n'en voulurent. Et cela parce qu'elles ont l'habitude de porter des colliers à gros grains très courts, alors que ceux que je leur présentais avaient de petits grains très minces et très allongés.
Voilà bien la mode tyrannique dans le désert, comme en France !

(2) La maison Schwenk de Paris m'en avait offert un petit lot. Elles ont eu le plus grand succès. Un affreux petit anneau d'un jaune serin épouvantable m'a permis d'acheter un mouton. Soit environ 7 francs. Voilà, je pense, un assez beau bénéfice !

C'est que les négociants de Saint-Louis et du Cayor n'ont de bénéfices assurés que sur la vente des deux produits : gommes et arachides.

Les autres : caoutchouc, cire clarifiée, ivoire, peaux de bœufs, sésame, huile de palme, amandes de palme, cafés du Rio-Nunez et du Rio-Pongo, riz de la Casamance (en paille), or de Galam, n'ont qu'une importance très secondaire.

Insuffisance des ressources agricoles du Sénégal.

Et mis en présence de ces résultats, ne doit-on point se demander si notre grande colonie pourra longtemps encore se suffire en ne comptant au nombre de ses richesses végétales commerçables, que la gomme et l'arachide ?

La terre est fertile... soit. Mais qui nous dit qu'un jour, cette terre toujours épuisée, jamais amendée, ne refusera pas son concours (1) ?

Nouvelles cultures à encourager.

Le besoin se fait donc sentir d'essayer de nouvelles cultures. Le coton, l'indigo, le tabac, le café, le sésame, la noix de touloucouna, l'amande de palme ont donné, paraît-il, de fort beaux produits — de même le ricin à gros grains qui devient arborescent en quelques saisons. Pourquoi n'avoir pas développé ces plantations ? Pourquoi ?.....

Les grandes maisons de Saint-Louis et la concurrence.

On pourrait, peut-être, le demander aux maisons de Saint-Louis. Elles veulent éviter la concurrence — et c'est la concurrence seule qui sauvera le Sénégal. Confiantes

---

(1) Ce serait la ruine immédiate de Rufisque — pour ne parler que de cette ville — qui possède sur toute l'étendue du Cayor des établissements représentant une valeur de plusieurs millions de francs.

en leur force, fières des succès commerciaux de jadis, elles s'immobilisent dans le souvenir du passé, ne faisant rien pour agrandir leurs champs d'opérations, perfectionner leur outillage industriel et leurs procédés de culture.

Le pays de Gambie leur appartient. Et toutes s'abîment dans cette pensée unique : chasser l'intrus qui voudrait prendre un peu des rives de ce fleuve, un peu de cette terre du Cayor, fortune immense, laissée improductive dans leurs mains...

Mais je m'arrête, car on finirait par croire que j'ai contre ces négociants un sujet d'animosité quelconque. Or il n'en est rien.

Aussi bien, ce que je viens d'écrire là, c'est sujet courant de conversation dans la colonie. Et les intéressés eux-mêmes ne se gênent pas pour l'avouer... ils me l'ont dit. Seulement voilà : ce qu'ils m'ont dit très bas, je l'ai répété très haut.

Reste à savoir qui a eu raison en la circonstance ? Est-ce le bavard ou l'homme discret ?

Je crois que c'est le bavard.

Nécessité de transformer l'outillage économique.

Donc l'impression nette qu'un observateur désintéressé rapporte d'un séjour au Sénégal : c'est que le capitaliste qui voudrait s'établir sur les bords du fleuve ne s'y pourrait maintenir qu'au prix d'énormes sacrifices pécuniaires — et à la condition de transformer radicalement son outillage économique.

Devant de tels obstacles, le plus simple est de se replier en bon ordre. Je suis sûr que si la Sagesse voulait parler, elle ne manquerait point de nous dire de laisser le Sénégal à ses monopoleurs pour nous en aller, plus loin, tenter fortune.

Le commerce de la gomme chez les Maures.

Mais en quel endroit ? Le problème est simple.

— D'où les comptoirs de Saint-Louis tirent-ils leur gomme ?

— Du pays des Maures — nous l'avons vu tout à l'heure.

— Et cette gomme, vont-ils la chercher eux-mêmes ?

— Non pas. Ce sont les Maures qui la leur apportent.

Les Maures tiennent donc beaucoup à nous, puisque à chaque saison ils font des journées et des journées de marche, à travers le désert, pour nous venir vendre leurs récoltes ?

Certes — et j'affirmerai qu'il n'est plus permis d'en douter, quand on a été témoin de ce qui s'est passé à Dagana, après le meurtre de l'administrateur Vincent (1).

On pouvait croire que ce dramatique événement aurait eu pour effet d'arrêter les transactions pour de longs mois. Il n'en fut rien : les achats restèrent fermes, aussi bien à Podor qu'à Gaé, à Rosso et à Saldé (2).

Création de comptoirs sur la côte saharienne.

Je me résume :

La gomme venant en totalité du Trarza et du Brakhna, il y aurait intérêt de premier ordre pour des maisons fran-

---

(1) M. Vincent, administrateur de Dagana, fut tué à bout portant, d'un coup de fusil, par le propre frère d'Ahmed-Saloum, cheikh des Trarza.

(2) D'autres remarques viennent encore prouver que les Maures tiennent par-dessus tout à conserver des relations commerciales avec nous.

On sait que, dans les escales, les achats se font ordinairement au tas ou au prix moyen. C'est dans ce genre d'opérations que se montrent le coup d'œil et l'habileté du traitant... Et ce traitant, je le disais tout à l'heure, a une façon si spéciale de comprendre ses intérêts ! Le pauvre indigène en sait quelque chose, car il est presque toujours indignement volé. Mais il fait contre mauvaise fortune bon cœur. Ne revient-il pas, à chaque saison, échanger ses sacs pleins de gomme contre les guinées que lui mesure si parcimonieusement son trop peu scrupuleux marchandeur ?....

çaises à moyens capitaux, de s'aller installer sur la côte saharienne, afin de nouer directement relations avec les indigènes qui recueillent cette gomme.

Par la création de ces comptoirs la prospérité économique du Sénégal n'est pas menacée.

Pour aller au-devant de toutes les objections, je crois devoir ajouter que le fait d'installer des factoreries à 300 ou 400 kilomètres au nord de Saint-Louis ne constitue pas, pour cette dernière ville et le Sénégal en général, un danger économique bien pressant. Toute la gomme des pays maures n'est point absorbée par notre vieille colonie : il s'en faut de beaucoup... A côté de ses établissements de traitants, de ses comptoirs, il y a place pour d'autres établissements de traitants, d'autres comptoirs...

Aussi bien le Sénégal peut tirer de son propre fonds — et au delà — les éléments nécessaires à sa prospérité. Il lui suffira pour cela de vouloir...

Et puis, quand bien même des entreprises du genre de celles dont je préconise la création sur toute l'étendue du littoral désertique, n'auraient d'autre but que celui de réveiller la vieille énergie de nos colons du fleuve, serait-ce donc perdre son temps que de chercher à les faire réussir ?

Mais que le capitaliste tenté par ce projet se rassure : une action commerciale dans les régions du Tarad et du Taffouelli offre des avantages plus directs.

Les routes de caravanes suivies par les Maures.

Les Maures ont des routes de caravanes qu'ils suivent invariablement — guidés par un merveilleux instinct : la science du Désert (1).

---

(1) Leur marche est toujours soumise à la présence de puits.

Une de leurs routes les plus fréquentées longe la mer, coupe successivement l'Afthouth, le Tarad, l'Agneitir, pour faire un brusque crochet à l'est et gagner l'Adrar à travers l'Inchiri ; une autre voie remonte directement au nord jusqu'au Tiris (1). Cependant qu'une troisième, spéciale aux seuls Trarza et Brakhna, suit le fleuve dans les grandes plaines de Chamama et vient desservir les escales (2) fréquentées par les traitants de Podor et de Dagana.

Composition des caravanes.

Les convois qui sillonnent ces routes sont formés en majeure partie de dromadaires — quelquefois seulement d'ânes. Les charges n'excèdent jamais le poids de 150 kilogrammes, et encore avec un pareil faix est-il prudent de ne laisser marcher les animaux que 8 heures sur vingt-quatre.

Un dromadaire bâté ne fait pas plus de 4 kilomètrs 1/2 à l'heure.

Habitat du gommier.

Lorsqu'on voit ce mot « Désert » écrit sur les cartes de la région trarza aux alentours de Portendik, il ne faut pas en conclure que le pays auquel s'applique cette dénomination se trouve complètement dépourvu de végétaux. Ce n'est que plus au nord que le voyageur fait enfin connaissance avec le véritable quartz du Sahara.

En cette contrée qui nous intéresse, le sol, ainsi que je

---

(1) Au moment des pluies, tous les Trarza du sud émigrent au Tiris, où ils trouvent abondamment le fourrage nécessaire à la nourriture de leurs bestiaux.

Durant toute cette saison, la sécurité des Européens qui s'installeraient sur la côte serait complètement assurée, car à ce moment le cheikh Ahmed-Saloum se déplace avec ses guerriers — et devant lui tous les écumeurs du désert : Oulad-Delim, El-ben-Omar-el-Boude et Elib compris, laissent place libre.....

(2) Gaé, Rosso, Podor, Dagana, Saldé, etc., etc.

le disais dans le premier chapitre de ce livre, est sillonné de nombreuses dépressions... des monticules succèdent à ces dépressions... Et c'est sur ces monticules que pousse le gommier (1).

Le gommier se rencontre groupé sur des étendues plus ou moins vastes dans le pays des Trarza, des Brakhna et des I'dowiche.

Remontant au nord, à travers le Tiagané, nous le retrouvons encore dans les immenses oasis de l'Adrar.

La valeur commerciale de l'Adrar.

Tout ceci établi, et maintenant que nous connaissons les principaux centres d'habitat de cet important végétal, nous voici en présence de la situation suivante :

Les gommes trarza et brakhna — les gommes du fleuve, ainsi les appelle-t-on — ont leur débouché certain, assuré, à Saint-Louis. Les chefs de villages se sont emparés des forêts et les font exploiter par leurs captifs.

Mais les gommes du Nord, mais les gommes de l'Adrar, dont on récolte de si grandes quantités que, suivant Masqueray, on les donnerait pour rien à ceux qui les iraient chercher ?...

Qu'en fait-on ?

---

(1) N'était la prodigieuse incurie des Maures, il serait possible, sur certains points de la côte, à proximité de Saint-Louis, d'ajouter d'autres cultures à la culture du gommier.

On pourrait essayer des cocotiers, des palmiers oléifères. Les dattiers trouveraient là un terrain des plus propices...

Le coton, qui dans le Cayor pousse à l'état sauvage, aurait également chance de succès. Aux environs de Bouzoubra, résidence du marabout Baba, nous en avons vu plusieurs plants de fort belle venue.

Le sol, par endroits, composé de lathérite — je parle toujours, bien entendu, de cette partie trarza qui s'étend entre Saint-Louis et Portendik, car plus au Nord les caractères géologiques se modifient pour faire place, ainsi que je l'ai déjà exposé, au terrain dévonien avec ses grands plateaux arides et secs et ses dunes sableuses de vieux grès pourpré qui constituent le vrai désert — le sol, par endroits, dis-je, composé de lathérite, argile dense et durcie d'une couleur rouge-brique et donnant une terre d'une fertilité très grande, est

L'Adrar. Description physique.

... Avant de répondre à cette question, il convient de savoir exactement ce que c'est que l'Adrar.

Vincent sur ce sujet nous a renseignés — et bien renseignés (1).

Nous n'ignorons plus, grâce à lui, que l'Adrar, situé entre le 19e et le 23e degré de latitude Nord, compte plusieurs oasis de grande étendue ; que sa capitale, El-Chingueti, renferme plus de 10.000 âmes — et que son sol très fertile permet de cultiver, indépendamment du gommier, et avec un égal succès : le dattier, le mil, l'orge et le blé (2).

Passé historique de l'Adrar.

Ce grand pays a un passé historique fort intéressant. Les Portugais (il y a quatre siècles) y possédèrent des comptoirs — comptoirs qu'ils finirent par abandonner au moment où leur politique d'expansion les porta vers le Sud. Aux environs d'El-Chingueti, on trouve encore, paraît-il, des pans de murailles à demi recouverts par les sables : ce sont les derniers restes de la suprématie des colons de Lisbonne.

Les indigènes Yahia-ben-Osman ; leur influence.

Les indigènes appartenant à la tribu des Yahia-ben-Osman forment — principalement dans la partie comprise

propre à la culture des graminées. Un des plus grands étonnements des Ouoloffs qui formaient notre escorte était de voir un sol pareil, inutilisé. Ils prétendaient pouvoir arriver à y faire pousser du mil à volonté.

(1) J'ajouterai que mon interprète, homme d'une absolue confiance, qui avait fait un voyage en Adrar en 1890, m'a affirmé, à diverses reprises, que des forêts de gommiers s'étendaient sur toute la surface du territoire. Du reste, les assertions de cet indigène ne font que confirmer le témoignage de trois Kounta venus d'El-Chingueti à Alger, il y a huit ou neuf années.

(2) Les principaux centres du pays après El-Chingueti sont Ouadan, El-Guedim, Oudje, Attar, Oujeft, El-Hafeïra...

entre El-Hafeïra et El-Chingueti — la classe la plus importante de la population. Soumis aux guerriers d'origine Kounta (1), cette situation d'infériorité leur pèse ; ils favoriseraient, je crois, de tout leur pouvoir, un changement de régime.

On sait d'ailleurs que les différentes peuplades de l'Adrar ont toujours témoigné beaucoup d'amitié aux Européens.

C'est grâce à leur influence occulte, ne l'oublions pas, que les Espagnols ont pu devenir, en 1884, maîtres nominaux de toute la ligne de côtes comprise entre le cap Bojador et le cap Blanc — soit une longueur de 800 kilomètres ; et c'est grâce à cette même influence que ces mêmes Espagnols espèrent encore arriver à diriger toutes les caravanes de l'intérieur sur leurs nouvelles factoreries.

Enfin j'ajouterai que si les Français du Sénégal ont réussi, à diverses reprises, à nouer relations, par émissaires noirs, avec le cheikh Ahmed-ould-Soueyd-Ahmed-ould-Aïda, c'est moins par l'intermédiaire des Kounta, possesseurs directs du sol, que par celui des Yahia-ben-Osman (2).

Les Anglais en Adrar (retour au chapitre précédent).

J'ai essayé, tout à l'heure (chapitre III), d'attirer l'attention sur les efforts des Anglais — des Anglais qui, non contents d'exercer leur influence sur le Sud-Marocain, veulent encore commander aux routes de caravanes du

---

(1) Les Kounta (d'origine berbère) résident dans l'oasis de Tagant. L'Adrar et la Sebkha d'Ijil qui fournit du sel à la moitié du Soudan occidental, leur appartiennent.

(2) « A Harich, écrivait en 1892 M. Léon Fabert, je n'étais plus qu'à quelques journées de l'Adrar et j'envoyai à Ahmed-ould-Aïda une lettre amicale par deux notables talibés.

« La réponse m'arriva quelque temps après. Elle était des plus cordiales et contenait une acceptation formelle de l'influence de la France. »

Sahara occidental, pour drainer à leur profit tout le commerce des régions désertiques et soudanaises... J'ai dit que nos voisins du cap Juby avaient envoyé, par deux fois, à l'émir adrarien, un émissaire chargé d'arrêter les bases d'une entente commerciale...

... Nous laisserons-nous, une fois de plus, distancer par nos rivaux ?...

Création de postes commerciaux sur la côte saharienne
(suite).

Que l'on n'aille pas croire, à la lecture de cette phrase, que je sois partisan de la création de comptoirs à El-Chingueti, à Ouadan ou ailleurs (1).

Loin de là : ce que je demande, c'est l'installation de postes sur la côte saharienne, simples magasins de dépôts recevant la gomme de l'intérieur et donnant en échange les guinées et autres marchandises à l'usage des indigènes.

Inutilité absolue de se déranger, de tenter à travers le désert un voyage toujours très périlleux. Le négociant

---

(1) Pareilles créations seraient du reste presque impossibles, tant, du moins, que le chef actuel Kounta du pays sera de ce monde. Superstitieux à l'excès, ce descendant des Almoravides est, dit-on, persuadé que dès qu'un Européen aura mis le pied sur son territoire, c'en sera fait de sa royale personne : la mort la frappera immédiatement.

Nous nous souviendrons toujours des terribles menaces qui nous furent faites, dans le désert, lorsque les indigènes Oulad-bou-Seba de l'intérieur apprirent que nous voulions pénétrer jusqu'à El-Chingueti. Je me hâte de dire, du reste, que ces menaces nous trouvèrent parfaitement calmes — d'autant plus calmes, que notre objectif était alors le Sud-Marocain directement, et non plus l'Adrar.

Est-il besoin d'ajouter que ces craintes que je formule ne s'appliquent en aucune façon à la mission d'exploration que j'aurais voulu, dans le chapitre précédent, conduire moi-même en Adrar ?

Le commerçant séjourne constamment dans le pays ; il a besoin, pour faire prospérer son négoce, d'une sécurité parfaite.

L'explorateur, lui, ne fait que passer : il prépare la voie. Et aussi bien : la sécurité, s'il l'avait pleine et entière... il ne serait plus explorateur !

Il y a là une différence qu'il était utile de faire ressortir.

n'aurait qu'à attendre au bord de la mer l'arrivée des caravanes qui, sûres de trouver en cet endroit tous les produits nécessaires à leur consommation, s'épargneraient cette peine de faire vingt jours de marche de plus, à dos de chameau, pour atteindre Saint-Louis.

Portendik port naturel.

Mais quel serait le point de la côte choisi pour la construction des nouveaux magasins?
Portendik.
La vieille Marsa des Maures est, en effet, un havre naturel, comme il y en a peu : la mer n'y brise point, garantie qu'elle est de la houle du large par l'énorme massif du Banc d'Arguin, et ses profondeurs sont assez accusées pour permettre aux navires de tonnage moyen d'embosser à quelques mètres seulement de la grève.

Son histoire.

L'histoire de nos colonies d'Afrique nous apprend que Portendik jouit d'une très grande prospérité durant longtemps. Les Anglais s'étant réservé le droit de commercer avec toute cette partie du littoral désertique, Trarza et Brakhna leur apportaient de tous côtés des quantités considérables de gomme...

Mais il arriva que ce droit fut racheté au gouvernement de la Grande-Bretagne en échange de la factorerie d'Albreda que nous possédions depuis quelques années à l'embouchure de la Gambie.

Dès lors Portendik était perdu. Les bateaux de Londres et de Bristol ne vinrent plus — laissant pour compte, aux Maures, des stocks énormes de marchandises accumulés sous les hangars. Les caravanes s'arrêtèrent ; et tous les traitants de l'intérieur qui faisaient affluer vers le port saharien les récoltes de l'Adrar et des grandes oasis, n'eurent plus d'autre marché que la capitale du Sénégal, à 350 kilomètres au Sud — soit, ainsi que nous le disions plus haut, à vingt journées de marche, en tenant compte des détours forcés de la route.

Résumé.

Une économie de vingt étapes à dos de chameau, assurée aux indigènes trafiquants ;

La possibilité de tirer enfin parti immédiat des richesses naturelles du Haut-Trarza, de l'Adrar et du Tagant...

Tout cela n'est pas basé sur un calcul de probabilités. Tout cela est la certitude même. Les faits le prouvent...

Il y a, en ces immenses contrées, un commerce de plusieurs millions de kilogrammes de gommes qui, si nous ne prenons pas dès maintenant nos dispositions en vue d'une occupation effective de la côte, tombera fatalement, un jour ou l'autre, entre des mains étrangères.

A nos négociants de le comprendre.

CHAPITRE V.

L'EXPLOITATION COMMERCIALE.

I. — LA GOMME.

Je crois avoir démontré, avec une clarté suffisante, les nombreux avantages que des capitalistes entreprenants retireraient d'une occupation raisonnée du littoral trarza et oulad-bou-seba.

Il ne me reste plus maintenant qu'à passer de la théorie *économique* à ce qui en est le complément, la base forcée : l'acte *commercial*.

Pour plus de facilité, je vais supposer qu'une maison de production française veut venir s'installer à Portendik et à Arguin.

Et de façon rapide, avec des chiffres seulement, j'essaierai de lui tracer la besogne qu'elle aura à poursuivre, pour s'établir et prospérer.

Frais d'installation de magasins de dépôts et d'habitation.

Les frais d'installation, je les prévois peu élevés. Soit :
— Une maison démontable apportée pièces par pièces de France. . . . . 6000 fr.
— Un grand hangar fermé pour abriter les marchandises. . . . . 4000 »
— Travaux divers : creusement de puits, chaussée pavée dans l'intérieur du hangar, etc., etc. 2000 »

Total. 12000 »

Nécessité de fortifier les postes.

Le pays est sûr. Cependant, pour être parfaitement à l'abri de tous dangers, on devra fortifier les postes. Une douzaine de fusils à répétition portant à 1000 mètres, une petite mitrailleuse système Maxim — et en voilà suffisamment pour repousser les Oulad-Delim et les Elib, si tant est que ces pillards aient jamais des idées de conquête, à nos dépens (1).

Main-d'œuvre.

La main-d'œuvre nécessaire sera toujours assurée par les Oulad-bou-Seba. Il y a là une population d'un millier d'indigènes environ sur lesquels, je le répète, on peut absolument compter.

Approvisionnement des employés européens.

L'approvisionnement *de* ou *des* employés blancs de la factorerie est facile.

On trouve dans le pays : moutons, chèvres, bœufs, poissons et sel.

Resterait à faire venir d'Europe un choix de boîtes de conserves de viandes et de légumes, du riz, du café et du vin, etc., etc...

L'eau.

Elle n'est pas bonne actuellement, très mauvaise même, d'un exécrable goût de pourriture — mais en creusant davantage (2) et en ayant soin de revêtir de maçonnerie les

---

(1) Evénement tout à fait improbable, si l'on tient compte de ce fait : que Portendik est placé sous l'autorité directe d'Ahmed-Saloum, fidèle allié de la France.

(2) En n'importe quel point du Sahara on peut poser en principe qu'il est toujours possible de trouver de l'eau. Cela dépend uniquement de la profondeur des puits.

parois du puits, le colon pourra remédier à ce grave défaut (1).

Parfois, malheureusement, il ne trouvera au fond de son trou de sable que de l'eau saumâtre. Dans ce cas, il n'aura qu'à se servir d'un petit appareil à distiller.

Chalands et wagonnets Decauville.

Les bateaux ne pouvant venir assez près du rivage, l'usage de chalands à fond plat deviendra indispensable.

Puis tout autour des baraquements, et pour faciliter le transport des marchandises, une double voie de wagonnets Decauville à bascule sera posée.

Produits divers apportés par caravanes par les Maures.

Les produits apportés par les Maures consisteront en :

1° Gommes. (Nous en avons assez longuement parlé. Qu'il nous suffise d'ajouter que le bois d'acacia est un bois d'ébénisterie de premier ordre, très dur et presque toujours très sain, pouvant servir à faire des chevilles et diverses applications d'industrie.)

2° Dattes (de l'Adrar) (2).

3° Alfa des grandes plaines de l'Inchiri et du Tasiast. (Cité seulement pour mémoire.)

4° Plumes d'autruche, dont on connaît l'inestimable valeur.

5° Soufre — dont j'ai pu trouver aux environs de Portendik un important gisement à l'état vierge.

(Pour cette dernière marchandise, un personnel nombreux sera nécessaire. Mais nous venons de voir que

---

(1) Les Maures, pour retenir les sables meubles, tapissent l'intérieur de leurs puits de menus branchages. Ces branchages au contact de l'eau se décomposent. D'où cet abominable goût de pourriture.

(2) L'Adrar compterait, paraît-il, plus de 60.000 dattiers.

le travail pourra toujours être assuré par les Oulad-bou-Seba, pêcheurs de la côte) (1).

Marchandises diverses pouvant être vendues aux Maures.

Les marchandises que nous vendrons aux Maures seront les suivantes :

Guinées bleues.

Tissus (sucreton, roum, calicot, escamine).

Couvertures de laine.

Sucre raffiné.

Thé.

Biscuits de mer.

Tabac en feuilles.

Riz.

Papier blanc très épais à l'usage des marabouts.

Encre et plumes. Crayons.

Cordes pour soutenir les charges des chameaux (les avoir de préférence goudronnées).

Poudre (en petits tonnelets d'un kilogramme — qualité fort grossière venant d'Angleterre).

Plomb et limaille de fer.

Sandales en cuir jaune.

Livres de prières arabes.

Conserves bleues ou noires pour la guérison des ophtalmies, très fréquentes dans le pays.

Grands manteaux noirs de marabouts.

Produits pharmaceutiques d'un usage courant. (Les Maures ont une très grande confiance dans le pouvoir guérisseur des Européens.)

Marteaux et petits nécessaires de forgerons.

Piquets de tente.

Calebasses, verres à boire, miroirs, couteaux, ciseaux,

(1) Le sol étant constitué, et par extraordinaire en cet endroit, de sable gréseux très dur, pourquoi n'emploierait-on point des voitures à roues très larges traînées par des bœufs ou des chameaux ?

tabatières, briquets, amadou, cuivre en feuilles, cadenas, fil, aiguilles, parfumerie grossière (eau de Cologne principalement) ambre, colliers de corail, bagues en cornaline, etc., etc...

(Il sera utile d'avoir en réserve un millier de francs, en pièces d'argent.)

Transport effectué par goélettes.

Au début de l'entreprise, le transport des marchandises aura lieu par goélettes.

Ces petits bâtiments, grâce à la perpétuité des brises alizées et aux courants portant au Sud que ces brises engendrent, viendront des îles Canaries à Portendik, en trois journées.

Il est vrai de dire que pour remonter au Nord elles se verront forcées de tirer des bordées en Ouest, afin de sortir des courants atmosphériques établis, et regagner les vents généraux — mais ce trajet même effectué dans les conditions les plus mauvaises ne demandera jamais plus de trois semaines.

Par bateaux à vapeur.

Enfin, lorsque, quelques années plus tard, l'exploitation bien mise au point aura atteint son complet développement, rien ne s'opposera alors à ce qu'on remplace les voiliers par des bateaux à vapeur.

Un cargo-boat, très lourdement chargé, ne mettra guère que dix jours pour regagner son port d'attache.

II. — LA PÊCHE.

Mais il y a encore dans l'exploitation commerciale de cette partie de la côte d'Afrique une nouvelle source de bénéfices dont j'ai jusqu'ici négligé de parler.

Il s'agit de pêcheries...

Au banc d'Arguin.

A 21° de latitude Nord, le rivage forme deux échancrures. La première terminée par le Cap Blanc porte le nom de Baie du Lévrier ; la seconde, séparée de la Baie du Lévrier par une presqu'île, s'appelle Baie d'Arguin.

Le rivage si capricieusement découpé jusque-là reprend alors sa rectitude de ligne primitive vers le sud.

A 100 kilomètres d'Arguin, on rencontre successivement, le long du littoral, d'autres points d'atterrissement qui sont tous des centres importants de pêche :

Tidre, Kiji, Jouick, Taganet, cap Mirik, El-Mehambar, El-Mahara, Lenheijerat, Blaiaouak, et enfin Portendik.

De Portendik (à peu près) au cap Mirik, la côte est défendue par un énorme amas sableux que les marins appellent Banc d'Arguin.

Le Banc d'Arguin n'a pas moins de deux cents kilomètres de longueur sur quatre-vingt-trois kilomètres de largeur !

Faibles profondeurs de la mer.

Au loin les profondeurs de la mer vont en augmentant, mais faiblement — et c'est ainsi qu'on trouve jusqu'à 37 kilomètres de la côte des fonds de quarante mètres, à peine, où la drague et le chalut peuvent facilement agir.

Nature du sol pélagique.

Dans ces limites, la nature même du sol pélagique fait de sable et coquilles, indique une faune malacologique très riche.

La faune ichthyologique.

Or, partout où le mollusque se rencontre, le poisson abonde. D'où sur ce banc, rival de Terre-Neuve, des quantités énormes, monstrueuses, colossales de morues (quelques-unes atteignent 1 mètre 30 de longueur), de sardines, d'anchois, de rougets, de surmulets, de dorades, de merlans, de samas (grands et excellents poissons très communs sur toute la côte), d'abriotes, dont la chair est exquise et pèse parfois plus de trente livres, de tassaries, espèce ressemblant au saumon, etc., etc. (1).

Histoire de l'occupation de la région d'Arguin.

L'occupation de toute cette région d'Arguin date de loin. Et ce sont là faits d'histoire intéressants à rapporter, car ils montrent bien que, de tous temps, les Européens voyageant sur la côte occidentale d'Afrique furent frappés à la vue de pareille surabondance de poissons.

Dès 1445, deux ans après la découverte du Banc, les Portugais commencent la construction d'un magasin fortifié dans l'île principale de l'Archipel. Des relations de commerce s'établissent aussitôt entre colons et indigènes.

C'est alors qu'Arguin même prend une très grande importance. Les bateaux abordent régulièrement — et les Maures des oasis les plus lointaines ne cessent d'apporter, par caravanes, les produits haut cotés du Soudan...

---

(1) Le 28 octobre 1887, le gouvernement métropolitain adressa une circulaire à plusieurs chambres de commerce pour engager les armateurs français, surtout ceux du Midi, à envoyer des bateaux de pêche en ces parages. Jusqu'ici cette circulaire n'a produit aucun effet et aucun bâtiment français ne s'est encore présenté au Banc d'Arguin. (Les *Colonies françaises*, publiées sous la direction de M. Louis Henrique.)

Il est juste de dire que la pêche en Islande et à Terre-Neuve présente plus d'avantage pour l'armateur : tous ses navires bénéficiant d'une prime d'armement. Il serait nécessaire qu'on donnât aux pêcheurs d'Arguin, comme à ceux du Nord, cette prime d'armement. On encouragerait de cette façon les négociants de la métropole ainsi que la marine locale.

Mais la guerre arrive. Les propriétaires du sol sont vaincus. Le fort *Espána* passe successivement aux mains des Espagnols, des Anglais et des Hollandais.

En 1678, les Français s'en emparent après un terrible combat contre les Zenaga.

Quelques années de repos. Puis nouvelles luttes. Les traitants effrayés se retirent bientôt dans le Tagant et l'Adrar. Sur ces entrefaites la Grande-Bretagne, maîtresse momentanée du Sénégal, prend un arrêté interdisant le négoce en dehors de ses comptoirs du fleuve.

Et c'est le coup de la mort : la cessation des échanges fait abandonner la forteresse.

Jamais plus un Européen n'y devait revenir. Aujourd'hui Portendik, Arguin et ses iles... tout cet ensemble dont les ruines rappellent encore l'état florissant, tout cela s'est éteint dans une solitude complète.

Sur la mer — la mer pleine de soleil et si calme qu'on la dirait de métal fondu — jamais une voile n'apparaît.

Sur la terre, à peine quelques indigènes misérables de loin en loin espacés, et des caravanes marchant rapides, vers le Tiris....

Le Désert a tout envahi....

Quantité de poissons prise chaque année sur le Banc d'Arguin.

La quantité de morues que prennent chaque année les Canariotes (1) a été évaluée en 1878, par le consul anglais, à 6000 tonnes de qualité égale à celles d'Islande.

D'après les renseignements que j'ai pu recueillir moi-même à Ténériffe et à Lanzarote, renseignements basés sur les calculs de notre ancien représentant à Las-Palmas M. Sabin Berthelot, voici quel serait le rendement exact de la pêche :

Divisant de part et d'autre le chiffre des produits par

---

(1) Les pêcheurs des îles Canaries sont les seuls étrangers venant périodiquement dans ces parages.

le nombre d'hommes employés, on trouve qu'un pêcheur prend à lui seul dans le courant de l'année, 10714 kilogrammes de poissons, pendant qu'à Terre-Neuve le même pêcheur n'en prend que 400 kilogrammes.

Que si l'on veut exprimer en poissons, d'après le poids d'une morue ordinaire (1), les quantités simplement énoncées en kilogrammes, on trouve que tandis qu'un pêcheur canariote recueille annuellement 5357 morues, un Terre-Neuvier n'en recueille que 200!

Quatre jours sur le Banc d'Arguin.

Nous avons pu nous faire une idée très exacte de la quantité énorme d'espèces ichthyologiques que renferme le Banc d'Arguin lorsque, traqués par les Oulad-Delim et les Elib pillards, nous fûmes obligés, pour nous sauver, de remonter dans un petit canot d'indigènes Oulad-bou-Seba, la côte d'El-Mehambar à Agadir.

Par des fonds de 75 à 80 centimètres en pleine mer, on voit le poisson se jouer en masses épaisses en la transparence de l'eau. Il y en a, tellement et tellement, qu'on les pourrait toucher avec la main.

A plusieurs reprises nous nous sommes amusés à en prendre à la façon de Robinson, avec une ficelle terminée par un vieux clou recourbé, à l'extrémité duquel avait été préalablement assujetti un morceau d'étoffe rouge.

Parfois aussi nous lancions à la mer quelques menus fragments de biscuits ; et c'était spectacle curieux que de voir ces centaines de morues venir de tous les points — à la curée (2)...

---

(1) Deux kilogrammes environ.
(2) Nous avons assisté très fréquemment à la pêche faite par les Nin-Hannah, Maures Oulad-bou-Seba qui approvisionnent de poissons séchés tous les Trarza. Ces indigènes n'ont pas de barques ; ils entrent dans l'eau jusqu'à mi-corps et jettent leurs filets pour les retirer aussitôt chargés à rompre mailles.

Installation d'abris en planches devant servir de séchoirs.

Il conviendrait, maintenant que nous venons de montrer l'extraordinaire richesse de la faune maritime de ces contrées, d'examiner ce qu'il y aurait à faire pour exploiter pareille situation, unique au monde.

A l'instar des Oulad-bou-Seba — et sur les points suivants de la côte :

Portendik, Blaiaouak, Lemheijeira, El-Mahara, El-Mehambar, Tidre, Taganet et Agadir on devra construire de simples abris en planches où, sous l'action combinée du soleil et du vent, toujours très fort en ces parages, la dessiccation du poisson s'opérera avantageusement (1).

Influence des saisons.

La région désertique comprise entre le Sénégal et les îles Canaries étant soumise presque toute l'année au régime des vents alizés du Nord-Est : en juillet, en août et en septembre la mousson du Sud-Ouest amène sur la côte une température élevée, humide, des pluies — toutes con-

---

(1) La préparation de la morue sèche se fait de la façon suivante. Le premier jour on étend les poissons sur la grève où on leur donne le *premier soleil*; le deuxième jour ils reçoivent leur *second soleil* jusqu'à midi, puis on les rassemble trois par trois ; le lendemain leur *troisième soleil* se prolonge jusqu'au soir, où on les rassemble en tas de huit, appelés *javelles*. Après le *cinquième soleil* on les réunit en tas plus gros appelés *moutons*. Au *sixième soleil* ces tas forment des piles d'environ 50 quintaux métriques. Les piles restent de 10 à 12 jours sans qu'on y touche ; puis on étend de nouveau les poissons pour refaire les piles en mettant ceux qui sont les moins secs au sommet ; on a ainsi donné le *septième soleil*. On répète ensuite cette opération au bout de quinze jours ; c'est le *huitième soleil* ; un mois après nouvelle répétition (*neuvième soleil*). Enfin 40 jours après on leur donne le *dixième soleil*, et on les laisse ainsi de 50 à 60 jours.

Après cette série de préparations, on étend de nouveau les morues sur la grève, on met à part celles qui sont sèches, et l'on achève de faire sécher celles qui ne le sont pas, de façon à pouvoir les embarquer.

La morue ainsi préparée se conserve beaucoup mieux que la morue verte..... (*Encyclopédie Dupiney de Vorepierre*.)

ditions fort mauvaises pour conserver le poisson. Mais, dès la fin de septembre, les brises du Nord-Est revenant — et avec elles une température sèche et des nuits fraîches, les étendages pourront commencer à fonctionner, pour ne s'arrêter alors qu'en juillet. Soit un total de neuf mois.

Le Sel.

L'approvisionnement en sel est facile à assurer : le sol de la côte étant excessivement riche en chlorure de sodium. A Portendik notamment se trouve une des plus grandes salines de la région : la saline de Djeil, si connue de tous les Maures et dont l'importance peut être presque comparée à celle de la fameuse Ijil, visitée par Vincent, en 1860.

Divers systèmes de pêche à adopter.

Le poisson se presse en quantités telles que point ne sera nécessaire — pour commencer — d'employer la drague. En se servant de l'expérience des Oulad-bou-Seba; en leur fournissant des canots — un ou deux à chaque station précitée — les filets ramèneront régulièrement, chaque jour, des milliers de kilogrammes d'espèces diverses.

Bien plus tard, et quand l'entreprise ayant atteint son complet développement, nécessitera un outillage plus perfectionné, il faudra alors avoir recours aux bâtiments de pêche de fort tonnage (1).

De la nécessité d'employer des bateaux très bien aménagés.

J'ai pu remarquer que la morue était souvent mal préparée, devenait noire. Cet inconvénient tient à la

---

(1) La position géographique des nouveaux établissements faciliterait singulièrement l'envoi de poissons aux Antilles. Une goëlette mettrait 15 jours environ pour effectuer la traversée.

mauvaise disposition des voiliers, nullement aménagés pour la préparation et la conservation du poisson en régions tropicales.

D'où nécessité de se procurer des bateaux dûment pourvus de tous appareils indispensables aux exigences de la bonne pêche.

Création d'un magasin à Tidre ou à Kiji.

Les colons installés à Arguin trouveront dans les magasins de Portendik toutes les denrées dont ils pourront avoir besoin.

Aussi bien quoi de plus facile que d'installer un dépôt dans l'île de Tidre ou de Kiji (1)..... ?

Résumé.

Faudra-t-il insister davantage, mieux montrer ce que des capitalistes intelligents peuvent attendre de cette région abandonnée ?

Inutile — les faits ont parlé et c'est assez.

Agadir au nord, Portendik au sud : voilà la prise de possession de toute la côte. Voilà l'Adrar soumis à notre influence. Voilà la route du Soudan au cap Noun barrée, perdue pour les Anglais...

... Ne peut-on espérer que ce jour viendra où, grâce à l'esprit d'initiative de nos commerçants, le pavillon français flottera de nouveau sur cette rive maure, sur cette vieille Marsa qui durant des siècles, en des alternatives

---

(1) A Agadir, il existe une citerne — avec eau excellente. Construisez dans cette île une baraque en planches, un hangar servant de magasin. Et voilà un poste admirablement placé.

... A prévoir encore dans l'installation, quelques travaux de forage — travaux peu importants. Il serait possible, peut-être, d'en mettre une partie à la charge du Gouvernement métropolitain lui-même?

de grandeur et de défaite, fut le témoin de tant d'héroïques efforts de la part de nos pères pour fonder, enfin, cette unité coloniale qui est aujourd'hui, peut-être, notre seule garantie d'avenir ?

CHAPITRE VI

LA PRISE DE POSSESSION DU DÉSERT

Dans ce magnifique programme d'expansion africaine, élaboré de toutes pièces par la France de ces vingt dernières années, un monde avait été longtemps oublié : le Sahara.

Les utilitaires publiaient sa complète inutilité. Ils lui reprochaient, et son soleil de feu, et ses grandes plaines désolées, et ses indigènes fanatiques...

Or, il se trouva que ce soleil savait être bienfaisant ; que ces grandes plaines de néant pouvaient, aidées de la main des hommes, voir s'épandre la verdure et sourdre de leurs roches massives des eaux vivifiantes ; que ces indigènes fanatiques, lentement semblaient s'adoucir à notre contact...

Et il fallut bien alors reconnaître à quel point il avait été calomnié, ce Grand Désert qui laisse dans l'esprit de tous ceux qui l'ont connu d'ineffaçables souvenirs !

Aujourd'hui, il est le pouls, l'énorme système artériel de l'Afrique.

L'Algérie et la Tunisie, le Soudan et le Sénégal vivent

de sa vie — retrouvent la force dans le grand air salubre de ses hamada...

Le Sahara est un trait d'union entre deux civilisations.

Et ce sera l'honneur de notre politique coloniale que d'avoir compris et proclamé ces choses !

FIN

NOTICES COMPLÉMENTAIRES

Les puits.

La profondeur des puits varie entre 3 et 6 mètres, — mais pour atteindre dans l'Inchiri et dans l'Ackhar, 30 mètres, voire 40 mètres.

Le débit oscille entre 150 et 300 litres d'eau à la minute.

Cette eau est mauvaise, d'un goût exécrable de pourriture. Ce goût provient, ainsi que je le disais tout à l'heure, de toutes matières organiques que le vent et les indigènes laissent tomber au fond des puits… et aussi de ce fait que le sable composant le sol est contenu tout autour des parois forées par de menus branchages qui, au contact de l'eau, se décomposent.

L'existence seule de nappes d'eaux souterraines, peut expliquer l'origine de ces puits. Les pluies qui tombent très rarement, mais toujours avec beaucoup de force, traversent le sable pour s'aller réunir dans les bassins les plus déprimés des plateaux…..

La salure des eaux n'a d'autre cause que l'influence des terrains environnants.

Qu'est ce sel ? Un mélange de chlorure de sodium et de sulfate de soude en de très variables proportions.

Les terrains salés.

Les terrains salés se rencontrent fréquemment — surtout dans l'Afthouth. Ce sont les seuls, avec les dunes de sables, qui restent toujours dépourvus de végétation.

A peine quelques touffes basses, poussiéreuses, s'étalant comme des plaies sur le sol... Et c'est là tout ce que l'on peut voir jusqu'à l'horizon...

Les émeraudes.

Plusieurs auteurs, notamment M. Jules Forest (1), le capitaine Brosselard-Faidherbe (2) et M. Schirmer (3) mentionnent l'existence d'émeraudes dans le Sahara.

Au Touat, sur le territoire des Hoggar, on a pu trouver de nombreux cristaux (4).

Dans le Tiris, et plus au Nord, en pays Oulad-Delim, Darraman et Oulad-Tegueddi, on m'a signalé la présence de pierres précieuses. A ces descriptions, il semble que l'on ait affaire à ces sortes de cristaux désignés sous le nom d'aigues-marines et de béryls, faiblement colorés en vert jaunâtre ou en vert eau de mer — véritables émeraudes composées d'alumine, de silice et de glucyne, tenant leurs couleurs de l'oxyde de fer...

Le soufre.

A deux journées de marche de Blaïaouak, vers l'Est, j'ai rencontré un gisement de soufre.

Terrain de cristallisation — car il n'y a point eu de soulèvement volcanique — ce soufre se trouve en amas réguliers, associé à des sulfates, à des argiles...

---

(1) *Bulletin de la Société de Géographie* (1893).
(2) *La Mission Flatters*, 1 vol.
(3) *Le Sahara*, 1 vol.
(4) Dans le Journal de route de la mission Flatters on lit ce qui suit :

« Dans le sable autour du camp on remarque une foule de pierres vertes, que l'ingénieur Roche reconnaît bien vite pour être des émeraudes.

« Elles sont tellement abondantes qu'on en remplit presque une cantine ; quelques-unes atteignent, sans exagération, la grosseur d'un œuf. »

Les Maures s'en servent pour combattre diverses affections de la peau.

Il n'est guère possible, à première vue, de fixer le degré de richesse d'extraction.

...Puis il faudrait voir, ensuite, si l'éloignement du gisement, les difficultés que l'on rencontre sur la route, la main-d'œuvre, l'installation première n'exigeraient pas de trop grands frais — trop grands pour espérer réaliser des bénéfices sérieux...

La houille.

L'ingénieur Roche, qui faisait partie de la mission Flatters, a cru pouvoir avancer que la houille existait dans le Sahara.

Je ne serai pas aussi affirmatif en ce qui concerne cette partie occidentale du Désert que j'ai visitée. Je dois cependant mentionner les assertions de deux marabouts tendagha, très dévoués aux intérêts français. Ces hommes prétendaient que des gisements se trouvaient dans l'extrême partie Est de l'Inchiri...

Sous toutes réserves...

Les sauterelles.

Dans le Tarad, j'ai pu reconnaitre, à la surface du sol, des milliers et des milliers de criquets pèlerins. Les Maures ont beaucoup à souffrir des invasions de ces insectes qui dévorent l'herbe rare servant de nourriture aux chameaux.

D'où viennent ces criquets ? Gros problème que se posent tous les entomologistes.

... De l'Est, m'a-t-on dit, des grandes plaines du Tagant ?... Et leur retour est périodique...

Climatologie.

Je ne m'arrêterai pas longtemps sur ce sujet — parce que trop connu, trop étudié.

Qu'il me suffise de dire que dans le pays Trarza proprement dit, le régime des saisons est le même qu'en Sénégambie : saison sèche du mois de décembre aux derniers jours de mai ; saison des pluies des premiers jours de juin jusqu'à fin novembre.

Ces pluies (bien plus rares qu'au Cayor ou dans le Haut-Fleuve) sont presque toujours accompagnées de tornades, c'est-à-dire de forts coups de vent, à la marche rapide (18 à 20 mètres à la seconde) accompagnés de tonnerre et d'éclairs.

La température, matin et soir, est de 15 degrés environ, durant la saison sèche, pour atteindre, quand le soleil paraît, 30, 35, 40, voire même 45 degrés à l'ombre.

Pendant la saison humide la température s'élève de 4 ou 5 degrés environ.

Mais plus l'on s'avance vers le Nord, plus la nature désertique s'accentue — et plus la chaleur augmente. Chaleur lourde, écrasante, de four — mais régulière, très sèche — 55° maxima — pour atteindre parfois 60°. Température insupportable, qui dessèche la gorge, brûle la peau et les yeux, quand le vent d'Est ou *harmattan* souffle.

Tous ces chiffres, bien entendu, sont plus qu'approximatifs. Il est, en effet, impossible de se rendre exactement compte, avec un thermomètre, de la chaleur endurée. Cette chaleur doit certainement atteindre 70° — au moins — dans ces immenses plaines complètement dépourvues d'herbe, sur ces sables que le soleil chauffe d'aplomb...

En Ackhar, en Inchiri, en Tasiast j'ai pu fréquemment constater que vers deux heures de l'après-midi, il était absolument impossible de toucher à objet quelconque en métal. Les canons de nos fusils nous brûlaient littéralement les mains....

Fort heureusement les nuits sont très fraîches : 13, 14, 16 degrés... jamais davantage.

Hygiène.

Tout ceci exposé, il est facile de se rendre compte des exigences de l'hygiène, en ces pays.

Dans le Trarza proprement dit, mêmes précautions à prendre qu'en Sénégambie (consulter les ouvrages de M. Béranger-Féraud, ancien chef du service de santé à Saint-Louis).

Plus au nord, en pleines régions désertiques, le régime diffère peu.

ALIMENTATION. — Faire deux repas par jour : le premier très substantiel aussitôt après le lever, vers six heures ou six heures et demie du matin ; le second, ni trop substantiel ni trop léger, à la tombée de la nuit.

(Nos marches commençant à huit heures du matin pour finir à cinq heures de l'après-midi, nous avions pris l'habitude de ne pas manger entre 10 et 11 heures — excellente habitude).

Aliments de digestion facile, à base de lait principalement. Ne point abuser des mets échauffants. Boire aux moments des repas et jamais, autant que possible, aux autres moments de la journée. Avoir soin de toujours faire bouillir son eau avec du thé (trois pincées de thé environ pour un litre).

Quand cette eau sera trop chargée de matières organiques, l'usage du filtre deviendra indispensable.

VÊTEMENTS. — Flanelles et ceintures de flanelle (ne jamais les quitter).

Pardessus ou manteaux, pantalons de drap pour les nuits fraîches ;

Mauresques et couvertures de laine pour coucher sous la tente ;

Blouses et pantalons de toile pour la journée ;

Caleçons — dont l'emploi prévient un grand nombre d'affections prurigineuses, résultats de l'action du quartz fin sur l'épiderme (1).

Chaussettes en laine et soie. Souliers bas en étoffe légère — ou mieux encore pantoufles marocaines.

La coiffure à adopter sera le casque colonial en liège, en moelle d'aloès ou de sureau...

. . . .

Enfin à toutes ces précautions pour se bien porter, en joindre une autre, la première, la meilleure de toutes : l'humeur égale, la gaieté.

La bonne gaieté qui fait trouver les étapes moins pénibles, les nuits de bivouac moins angoissantes.

Un visage morne de philosophe déçu, c'est là piteuse acquisition en voyage...

Aperçu pathologique.

L'habitude de dormir la nuit, insuffisamment vêtu, souvent en plein air, prédispose beaucoup aux affections de poitrine et aux rhumatismes. Les maladies de vessie dues aux longs voyages à dos de chameau et les maladies cutanées — sont également fort répandues.

De même les ophtalmies. Pour s'en préserver, Trarza et Oulad-bou-Seba se badigeonnent le tour des paupières avec une sorte de teinture rouge obtenue à l'aide d'un conglomérat de silice ferrugineuse — très abondant dans la région...

Enfin est-il nécessaire d'ajouter que la malpropreté

---

(1) Au bout d'un mois de voyage, le sable avait si bien pénétré nos pores que, lorsque nous nous touchions la peau, nous éprouvions une sensation désagréable analogue à celle que l'on éprouve quand on passe la main sur une lime.

invraisemblable dans laquelle vivent les indigènes rend toujours les caries et les nécroses excessivement difficiles à soigner... Le membre atteint est dans un état de saleté tel qu'en admettant qu'il fût possible de lui appliquer des compresses d'acide phénique pur — cet acide phénique ne serait point encore assez fort désinfectant !...

LES PÊCHERIES D'ARGUIN

Le capitaine au long cours et explorateur Trivier adressait, le 20 mai 1894, à la *Revue générale de la Marine marchande*, la lettre suivante :

.... « On préconise d'une façon toute particulière les pêcheries du Cap-Blanc, à la Côte occidentale d'Afrique, et surtout la baie du Lévrier, comme pouvant remplacer avantageusement les pêcheries de Terre-Neuve et celles d'Islande, où nos marins courent journellement de si grands dangers.

« Il est certain que la pêche à la Côte d'Afrique est abondante, et que, s'ils se portaient dans ces parages, nos marins n'y auraient ni les mauvais temps ni les brumes épaisses qui occasionnent de si cruels vides parmi nos équipages.

« Mais il est non moins certain que le poisson pêché sur cette même côte africaine doit se consommer sur place, immédiatement, sans retard, car il ne supporte ni la salure ni la congélation.

« Quelques heures après sa sortie de l'eau, le poisson de la baie du Lévrier, comme d'ailleurs celui de toutes les côtes situées entre les tropiques, tourne complètement.

« Il y a quinze ans, lorsque le *Raphaël*, steamer que commandait alors M. Husson, capitaine, que de fréquents voyages dans les parages de Terre-Neuve avaient rendu des plus compétents dans l'industrie de la morue, se trouvait dans cette même baie du Lévrier, les équipages des embarcations expédiées à la pêche avaient ordre de transporter immédiatement leurs poissons à bord dudit steamer, où ils étaient aussitôt placés dans des appareils frigorifiques.

« Pendant les deux ou trois campagnes que fit le *Raphaël* au Cap-Blanc, c'est à peine si la moitié du poisson pêché fut jugé propre à la congélation, tant était rapide la décomposition de la chair, et, à son arrivée à Rouen ou à Marseille, où ce steamer se rendait habituellement pour la vente de sa marchandise, à peine le poisson était-il sorti des appareils à froid qu'il s'effritait comme du bois pourri et exhalait une odeur des plus repoussantes.

« Malgré les dépenses extraordinaires qu'il avait fallu faire pour l'installation particulière du *Raphaël*, ses armateurs durent lui faire cesser ce genre de navigation qui ne rapportait absolument rien.

« Il y a beau temps que des essais de séchage ont été tentés sur toute cette côte africaine et plus particulièrement au Sénégal ; mais jusqu'à ce jour, l'humidité de l'air a empêché d'aboutir à bien.

« Le seul mode qui ait donné quelque résultat a été la fumaison, opération qui donne au poisson une couleur jaune doré et un enduit qui le préserve du contact de l'air. Ainsi préparé, le poisson n'aurait aucune chance de vente sur les marchés européens et, à la Côte d'Afrique, il sert en partie à l'alimentation des indigènes, qui en sont friands.

« Ce poisson fumé ne peut guère se conserver plus de deux mois ; puis les vers s'y mettent et il tombe en pourriture.

« La pêche au Cap-Blanc est certainement humanitaire au suprême degré, car à moins de l'avoir éprouvé par soi-même, nul ne peut se faire une idée exacte de la misère que supportent nos braves pêcheurs de Terre-Neuve et d'Islande ; mais en fait de rendement, il y a loin de la théorie à la pratique, et en ces temps où il est si difficile à notre industrie de se faire jour au dehors, nos armateurs de Bretagne et de Normandie continueront, comme par le passé, à envoyer leurs navires pêcheurs qui sur le Grand-Banc, qui sur les bords de l'île de Glace. »

. . . .

. . . .

Quelques jours plus tard, le 30 mai, la *Revue générale de la Marine marchande* publiait réponse à la lettre de M. Trivier.

Voici cette réponse :

..... « Je viens de parcourir votre estimable journal — et j'y trouve sous la rubrique « Pêcheries maritimes » un article ayant trait aux pêcheries du Cap Blanc.

« Quelques-uns (1) ont préconisé cette pêche et l'ont traitée d'une manière à décider l'épargne française à s'engager dans cette opération.

« Le signataire de l'article des Pêcheries maritimes vient, par des raisons qui pourraient être justes, de mettre à néant le mouvement qu'auraient pu faire naître ces publications.

« Sans contester la compétence de votre correspondant, sans mettre en doute que le capitaine du *Raphaël* ait fait l'impossible pour tenter, sans y parvenir, de conserver à l'état sain les captures qu'il a faites, je dis qu'il y aurait peut-être tort de désespérer. Ce qui n'était pas possible il y a quinze ans, alors que les moyens employés pour la conservation du poisson étaient encore bien imparfaits, pourrait être aujourd'hui plus efficace.

« Il y a une vingtaine d'années en France et en Angleterre — notre chef de file en matière de pêche — on ignorait complètement le moyen de conserver le poisson à l'état frais pendant une période de quelque durée. Depuis, les choses sont bien changées, l'emploi de la glace a pro-

---

(1) Entre autres Thomas Grimm, l'écrivain si populaire et si aimé du *Petit Journal*.

duit des merveilles. Mais il n'est dans aucun endroit, que je sache, fait exclusivement usage du système frigorifique comme procédé de conservation de poisson.

« Quant à la question salaison, il est possible que le mode de salage de Terre-Neuve ne convienne pas à la nature du poisson du Cap Blanc. En serait-il de même si on salait comme on sale en Islande ? J'en doute.

« J'estime que si, comme en Islande, le poisson était saigné aussitôt capturé, puis subissait une première salaison en tonnes avant d'être définitivement resalé en vrac à fond de cale, ou plutôt encore en tonnes comme on le fait à Boulogne et à Dunkerque, sa conservation aurait beaucoup plus de chance de durée.

« En résumé, je crois que les partisans des pêcheries du Cap Blanc ne sont pas aussi éloignés d'avoir raison qu'on pourrait le supposer. J'ai la conviction qu'une opération bien conduite au Cap Blanc donnerait de bons résultats.... »

J. HURET,
armateur de pêche.

J'ai tenu à reproduire ces deux lettres. Elles sont curieuses.

On y voit : 1° un homme qui condamne, sans trop savoir pourquoi, n'étant point pêcheur ;

2° Un armateur de Boulogne (ayant toute sa vie fait le commerce du poisson salé) qui approuve.

De quel côté est la vérité ?

Les lecteurs ont déjà trouvé.....

VOCABULAIRE ARABE-MAURE

TRADUCTION DES MOTS ARABES, BERBERS ET ARABES-MAURES LE PLUS SOUVENT EMPLOYÉS DANS LA GÉOGRAPHIE, L'ETHNOGRAPHIE SAHARIENNES ET LA CONVERSATION COURANTE.

Adrár — montagnes.
Agadir — escarpement.
Aghélad — défilé.
Afthouth (toute la partie ouest) longeant la mer.
Aleg — lac.
Arquise — piquet de tente.
Bagara — bœuf.
Bou — maître.
Chergui — Est.
Chamama — (en maure) bande de terre soumise aux inondations annuelles du fleuve Sénégal.
Cheikh — chef militaire.
Chekh — chef religieux.
Chott — rivage, étang salé.
Djemel — chameau.
Erg — région des dunes.
Fedj — bande de terrain coupée par des dunes.
Gassi — bande de terrain entre deux chaînes de dunes.
Gara, plur. *Gour* — roches à tête plate à fleur de sol.
Guern — sommet.
El-Guébelé — Sud.
Hassi — puits non maçonné.
Hodh — dépression de terrain.
Hamada — plateau rocheux toujours calcaire et sans eau.
Hammam — eaux chaudes.
Harratine — captif affranchi.
Hassan — guerrier.
Iguidi — sables, suites de dunes en Sahara occidental.

Jaime — tente.
Ksar — village fortifié.
Kef — pic, rocher.
Kantara — hauteur à franchir.
Koubba — chapelle de marabout.
Keupchy — mouton.
Marsa — (en maure) escale.
Mers — port.
Mássin — puits donnant peu d'eau.
Oulad — noms de tribus : enfants de...
Oued — cours d'eau.
Reg — terrain de sable ferme.
Ras — tête, cap.
Sahel — pays fertile.
Sebkha — réseau, bas-fond.
Souk — marché, foire.
Saguia — fossé d'irrigation.
Sandouc — malle.
Seroual — pantalon.
Telmidi — (en maure) élève, disciple religieux.
Tell — Nord.
Tenia — col de montagne.
Tasili — plateau.
Talá — source.
Touát — oasis.
Taouerirt — pitons de sable.

Fin

Poitiers. — Typographie Oudin et Cie.

Milton Keynes UK
Ingram Content Group UK Ltd.
UKHW050145250324
439991UK00009B/1067